AF503917

Lk⁷ 1701

MIRACLES ET MERVEILLES

ARRIVÉS DANS L'EGLISE

NOTRE-DAME DE CEIGNAC.

Augmenté d'un traité de pèlerinage, avec la manière de le faire saintement : à l'usage de tous les fidèles qui se rendent dans ce saint lieu, pour obtenir des grâces de la VIERGE-MARIE.

NOUVELLE ÉDITION,

Sur copie imprimée de 1660.

A PARIS,

Chez DEMONVILLE, rue Christine, n° 2.

1823.

DE L'IMPRIMERIE DE DEMONVILLE.

A SON ALTESSE ROYALE

MADAME LA DUCHESSE DE BERRI.

AUGUSTE PRINCESSE,

Permettez à un ancien officier, chevalier de l'ordre royal et militaire de Saint-Louis, qui a fait toutes les campagnes d'Allemagne à l'armée de son altesse sérénissime monseigneur le prince de Condé, sous les ordres immédiats de leurs altesses royales monseigneur le duc d'Angoulême et feu monseigneur le duc de Berri, aujourd'hui prêtre et curé de Notre-Dame-de-Ceignac, de prendre la respectueuse liberté de faire hommage à votre altesse royale et à votre auguste famille, d'un vœu solennel que vient de faire la fabrique de cette paroisse, dont je m'honore d'être le pasteur, en mettant sous la protection spéciale de la Sainte-Vierge le précieux dépôt que Dieu, dans sa miséricorde, a bien voulu vous confier.

Daignez encore, vertueuse princesse, accepter plusieurs exemplaires d'un ouvrage qui constate depuis un temps immémorial les miracles sans nombre qui se sont opérés dans cette paroisse, Votre auguste famille y lira avec plaisir, page 38, que cette église fut jadis connue et vénérée de la famille des Bourbons.

J'adresserai au ciel, tous les jours de ma

vie, les vœux les plus ardens pour la conservation des précieux jours de votre altesse royale, et de toute votre auguste dynastie, et répéterai sans cesse du fond de mon cœur :

Vive ce précieux rejeton de la France; qu'il soit à jamais chéri des Français; vive le roi, et que son auguste dynastie se perpétue; vivent les lys à jamais.

Vivat blande puer, Gallorum pignus amoris
Rex vivat, pariterque proles, et lilia semper!

Amen.

Je suis, avec un très-profond respect,

MADAME LA DUCHESSE,

DE VOTRE ALTESSE ROYALE

Le très-humble, le très-soumis et très-fidèle serviteur,

Le ch^{er} DE RUDELLE,

Prêtre et Curé.

Extrait des registres de la Fabrique de l'église Notre-Dame de Ceignac ; département de l'Aveyron.

Les membres composant la fabrique de Ceignac, canton de Cassagnes, arrondissement de Rodez, département de l'Aveyron, généralement outrés de l'horrible attentat du 13 février 1820, qui porta la consternation dans la famille royale, et plongea la France dans le deuil et la tristesse la plus profonde ; prenant en considération les dangers imminens que peut courir avant l'âge de majorité Son Altesse Royale Monseigneur le duc de Bordeaux, et désirant obtenir la conservation des précieux jours de cet auguste rejeton que Dieu dans sa miséricorde a donné à la France pour tarir ses larmes, se sont unanimement réunis dans le lieu de leurs séances publiques, pour mettre ce précieux dépôt sous la protection de la Ste.-Vierge

a *

patronne du royaume, et plus particulièrement de cette paroisse, dont les miracles, sans nombre et perpétuels, sont connus depuis des siècles, non-seulement de cette contrée et des pays les plus reculés, mais encore des royaumes étrangers.

Et ont arrêté, d'après l'offre qui leur en a été faite par monsieur Marie-Guillaume de Rudelle, chevalier de l'ordre royal et militaire de St.-Louis, ancien officier de cavalerie à l'armée de Condé, maintenant curé de ladite paroisse de Ceignac, qu'il seroit célébré annuellement, et à ses frais, une messe solennelle, en actions de grâces, le jour de la St.-Henri, pour la conservation des jours de ce jeune prince. Cette sainte cérémonie recevra son exécution le 15 juillet 1823.

Délibéré en séance publique, le 1er décembre 1822; et ont signé :

BOUTET, DELMAS, REY ET MARTY.

Pour copie conforme,

Signé, Cher DE RUDELLE.
Curé, et Sec. de la Fab.

VOEUX

POUR MONSEIGNEUR

LE DUC DE BORDEAUX.

Ille ego qui quondàm cecini certaminis æstus,
Vota, precesque pias, et sacri thuris honores
Offero, sancta canens divino ex ore sacerdos.
O nimiùm felix, si possem condere pacem !
Quotidiè fidens et flexo pectine pronus,
Henrici decus et vitam pro munere posco.
O Deus omnipotens, cœli, terræque creator,
Conserva regum sobolem, et defende nepotes !
Ne paveant iterùm, scindit præcordia crimen.
Blande nepos vivat cælerti pignore missus.
(Care puer, protegente Deo, te Gallia curat.)
Auspicibus faustis, longævà pace triumphet
Gallia ; florescat virtùs ; furor, iraque cordis
Confestìm caveant ; pereat fons vena malorum.
Vivat cana fides, et fidens Gallia vivat.
Rex vivat ; regum longissima lilia vivant.

Henrico fidens auctor pia carmina vovet

Le ch^{er} DE RUDELLE, *curé.*

PRÉFACE AU LECTEUR.

Mon cher lecteur, j'aurois désiré de pouvoir vous donner des plus amples mémoires de l'établissement et de la fondation de cette église de Ceignac, mais les malheurs du temps ou la négligence de ses premiers directeurs nous privent de l'entière connoissance qu'on en pourroit avoir. Il en est ainsi de la plupart des saints lieux, dont on ignore les commencemens, aussi bien que des plus héroïques actions des Saints, qui nous sont entièrement inconnues : n'ayez donc pas moins de vénération pour cette Ste. chapelle, bien que vous ne sachiez pas précisément en quel temps ni par qui elle a été fondée.

Je vous présente tout ce que j'en ai pu découvrir après plusieurs recherches, afin d'exciter de plus en plus votre dévotion envers la Sainte-

Vierge, laquelle y a été de temps immemorial singulièrement honorée.

Et bien qu'il ai paru au jour, il y a 5o ans, un recueil des choses mémorables de cette église, composé par le R. P. Cavaignac, de la compagnie de Jésus, aux diligences duquel cette église est redevable, vous ne trouverez pas mauvais que j'ajoute à l'histoire que cet auteur en a dressée, ce que j'ai recueilli de divers mémoires qui ne sont pas venus à sa connoissance, et que je rapporte fidèlement ce qui est arrivé de plus remarquable depuis ce temps-là.

J'y déduis quelques grâces et guérisons merveilleuses que plusieurs personnes y ont reçues par les faveurs de la Sainte-Vierge, sans prétendre les faire passer toutes pour miracles, bien que je les qualifie de ce nom. Je prétends faire voir seulement la dévotion que le peuple a eu de temps immémorial à cette église, où la Sainte-Vierge a fait souvent paroître des effets singuliers de sa puissance envers Dieu, en faveur de ceux qui l'invoquoient dans leurs nécessités.

Et parce que cette église est un lieu de pèlerinage fort fréquenté, j'ai dressé sur la fin de cette histoire un petit traité des pèlerinages, avec la manière de les faire saintement ; je vous prie de les lire quand vous voudrez vous porter en quelque lieu de dévotion, ou bien en celui-ci, afin de rendre méritoire et fructueux ce pieux exercice.

Au reste, je vous prie, mon cher lecteur, de suppléer par votre charité aux défauts que vous trouverez dans ce petit ouvrage, et de n'y chercher pas tant la satisfaction de votre esprit que l'honneur de la Vierge et le bien de votre âme.

TABLE DES MATIERES

CONTENÙES DANS CE LIVRE.

FIN.

MIRACLES

ET MERVEILLES

ARRIVÉS DANS L'ÉGLISE

NOTRE-DAME DE CEIGNAC.

CHAPITRE Ier.

De l'Antiquité de l'église de Ceignac.

Dieu ne se contente pas de faire honorer sa sainte mère dans toute l'Église universelle, par les devoirs généraux qu'il veut qu'elle lui rende, il lui a consacré certains lieux, presqu'en toutes les provinces de la chrétienté, afin qu'elle y reçoive des hommages particuliers de ses fidèles ; ainsi il lui destina par un miracle évident cet endroit de la ville de Rome qui se trouva couvert de neige aux plus fortes chaleurs de l'été, pour marque du désir qu'il avoit qu'on y bâtît une église à son honneur.

Nous en avons une des plus anciennes et

des plus illustres de la province : c'est celle que l'ancienne tradition appelle Notre-Dame-des-Monts, et que, depuis, le vulgaire nomme Ceignac, qui est le nom du lieu où elle est bâtie, située sur une colline entourée d'autres collines, d'où elle prenoit le nom.

Pour la preuve de son antiquité, je ne prétends mettre en avant que la tradition commune, fondée sur quelques vieux mémoires qui restent encore en cette église, qui portent que St. Martial venant de Rome en la basse Guienne, et passant par Rodez, où il établit un évêque nommé Julianus, vint dans le lieu de Ceignac, où il dressa une croix et fit bâtir une chapelle en l'honneur de la Vierge.

Si ce Martial est ce disciple de Notre Seigneur, qui fut envoyé par St. Pierre en France, et fait évêque de Limoges, qui se qualifie lui-même apôtre, dans ses deux belles lettres qu'il écrit aux églises de Bordeaux et de Toulouse, dont les originaux furent trouvés dans l'église de St.-Pierre de Limoges, dans une caisse de pierre qui avoit demeuré long-temps cachée sous la terre, qui ne voit l'antiquité de cette église, puisqu'elle est établie dès le commencement de la loi évangélique?

Il y a grande apparence que ç'a été ce Martial apôtre qui fonda l'église de Ceignac,
puisque c'est lui-même qui fonda l'église de
Rodez, et qui fut le premier qui y établit
la foi, et le premier évêque selon la commune opinion des plus curieux et mieux ver-
sés dans l'histoire du pays. Saint Amans
n'ayant pas été le premier évêque de cette
église, mais bien le restaurateur, ainsi
qu'il est aisé de remarquer dans sa véritable
légende, où il est rapporté qu'ayant été fait
évêque de Rodez, il trouva cette église en
très-mauvais état et dans une extrême déso-
lation, où la persécution et l'hérésie l'a-
voient réduite : ce qui suppose qu'elle avoit
été déjà fondée par quelque autre, que la
tradition porte avoir été St. Martial, apôtre
de Guienne ; et de fait les anciens mémoires
de cette illustre église cathédrale de Rodez
nous apprennent que les saintes reliques
qui furent trouvées par Raymond de Calmont, évêque de Rodez, dans l'autel de la
chapelle dite de Cantobre, bâtie par l'évêque *Deus Dedit*, furent portées dans cette
ville par St. Martial, apôtre de Guienne ;
ces mémoires étant authentiques, il faut
avouer que ce Martial qui vint de Rodez à
Ceignac, est ce même apôtre qui est le fon-

dateur de cette église, et par conséquent qu'elle est une des plus anciennes de la chrétienté.

Je pourrois encore ajouter à cela, que l'église qui paroît aujourd'hui, à laquelle le chœur fut ajouté l'an 1455, comme il conste des mémoires de cette église, n'est pas l'ancienne chapelle de Notre-Dame-des-Monts; car il y avoit anciennement deux églises dans ce lieu; savoir: la paroissielle dédiée à Sainte Magdelaine, dont il est fait mention dans un des titres de cette église, de l'an 1285, et la chapelle de Notre-Dame-des-Monts; et que celle-ci se trouve trop petite pour l'abord des pèlerins, et l'autre fort ruinée par son antiquité; elles furent réduites à celle qui se voit maintenant, dédiée à Notre-Dame, dont la dédicace se célèbre le 15 du mois de mars, et où il y a une chapelle de Sainte-Magdeleine, en mémoire de l'ancienne église paroissielle.

D'où s'ensuit que le chœur étant ajouté à la nef de l'église qui se voit maintenant, il y a plus de deux cents ans, il falloit que le reste de l'église fût bâti long-temps auparavant, lorsqu'on fit la réduction de deux à une, et qu'ainsi la chapelle de Notre-Dame-des-Monts a été bâtie long-temps aupara-

r vant tout cela, ce qui marque assez son an-
t tiquité.

Enfin, pour une dernière preuve de son
antiquité, je mets en avant un grand nombre
de miracles, des vœux et des dons faits à
cette église depuis plusieurs siècles, ainsi
que la guérison miraculeuse qu'un prince
palatin de Hongrie, aveugle, y reçut, environ
l'an 1150; on le verra dans la suite de
cette histoire.

CHAPITRE II.

Description de l'église de Ceignac.

L'ÉGLISE de Ceignac n'est pas fort extraordinaire en sa grandeur ni en son architecture, mais elle est bâtie dans une juste pro-
portion et parfaite symétrie, et dont l'édifice
n'est pourtant pas moins orné que solide.

Le maître-autel, orné d'un fort beau retable, d'une sculpture délicate sur le bois, qui
remplit tout le fond du chœur, où les figures
et les ornemens paroissent dans une agréable
diversité, à la faveur du fin or, de l'azur,
et des beaux traits de la peinture dont il est
embelli; au plus haut du chœur se voit un
grand tableau, où l'assomption de la Sainte-

1 *

Vierge est parfaitement bien représentée, donné par monseigneur le Duc d'Arpajon, l'an 1020, pour avoir reçu très-souvent des grâces et des protections singulières de la Sainte-Vierge, dans les dangers où il s'étoit exposé plusieurs fois pour le service de l'Etat, et pour obtenir des nouvelles faveurs du ciel, par son intercession, dans la continuation de ses illustres emplois.

Dans le retable, du côté de l'évangile, se voit une figure de la Sainte-Vierge en relief, que la tradition porte être l'ancienne image qu'on nomme vulgairement la miraculeuse, la grande figure de la même Vierge, qui est dans le milieu du retable, dans une plus grande niche, n'étant pas l'ancienne de ladite église.

Devant le maître-autel se voient deux grands chandeliers de bronze, donnés par messire Jean d'Arpajon, l'an 1536. Ce grand seigneur s'étant rendu autant signalé par sa piété que par sa valeur, mais singulièrement par sa dévotion envers la Sainte-Vierge, invoquée souvent dans cette église, où il voulut même être enseveli ; et comme il avoit une dévotion particulière au grand St. Jean-Baptiste et à St. Christophe, qui sont les deux anciens patrons de cette illustre mai-

æson, il est représenté en relief entre les figures de ces Saints, au côté de la muraille
du sanctuaire qui répond à la sacristie de
ladite église, avec une épitaphe au-dessous,
qui explique le sujet de cette représentation,
gravée en lettres d'or en la manière que s'ensuit : *Hic jacet*, etc.

De l'autre côté du sanctuaire est représenté ce prince palatin de Hongrie, aveugle,
en relief, se tenant à genoux devant une grande
figure de la Ste.-Vierge en relief portant le petit JÉSUS entre ses bras, avec une autre figure
en relief représentant le gentilhomme de ce
seigneur, ayant un genoux à terre derrière
la figure de son maître, qu'il avoit conduit
dans cette église, où il recouvra miraculeusement la vue, comme on le verra plus amplement en son lieu dans la suite de cette
histoire ; au-dessous de ces figures il y a une
inscription gravée en lettres d'or pour ex-
pliquer ce grand miracle arrivé en faveur de
ce prince, et qui donna sujet au change-
ment de nom de cette église, qui s'appeloit
autrefois des *Monts* en celui de Ceignac, à
cause du salut inespéré de cent hommes
que ce prince menoit avec lui, qui furent
dispersés avec lui sur mer par une horrible
tempête, et qui se trouvèrent tous ensemble

dans cette église pendant que ce seigneur y faisoit ses dévotions : cette inscription est dressée en ces vers : *Ecce palatinus*, etc.

Il y a dans le chœur un grand tableau fiché à la muraille qui répond à la sacristie, où l'on voit divers anathèmes offerts à Dieu en l'honneur de la Ste.-Vierge, en reconnoissance des grâces extraordinaires et guérisons singulières que beaucoup de personnes ont reçues dans leurs afflictions ou maladies, par son intercession, invoquée sous le nom de Notre-Dame-de-Ceignac.

A côté du chœur, vers la maison presbytérale de ladite église, il y a une fort belle chapelle, que les héritiers de feu noble Jean de Banis, sieur del Cerieys et prieur de Ceignac, firent bâtir suivant son intention et fondation, en l'an 1502. Elle est ornée d'un beau retable, au milieu duquel se voit une fort belle représentation du sépulcre de Notre Seigneur, dont la chapelle porte le nom, où il y a huit figures en relief, d'une rare sculpture, dont les cinq plus hautes sont toutes travaillées sur une même pierre, et les autres trois de même sur une autre, qui ne donnent pas moins d'admiration que de dévotion à ceux qui s'en approchent.

Il y a quatre chapelles hors du chœur,

séparées par des balustrades de bois, de sculpture et de fer délicatement travaillé, embellies d'une agréable peinture, toutes garnies de leurs retables. L'une est dédiée à Ste. Magdeleine, ancienne patronne de la paroisse, l'autre à St. Martial, apôtre et fondateur de la présente église ; la troisième à Ste. Catherine, fondée par M. Dieu-Donné Costes, l'an 1464. Cette chapelle étant dénuée de ses ornemens, et même de son autel, je la fis mettre en état l'an 1653 pour y placer le vœu que messieurs les habitans de la ville de Rodez y devoient offrir, en reconnoissance de la protection singulière qu'ils reçurent de la Ste.-Vierge l'an 1652, ayant été merveilleusement préservés de la contagion, en suite du vœu qu'ils firent à Dieu dans une assemblée générale, à l'honneur de son immaculée conception, et invoquée sous le nom de Notre-Dame-de-Ceignac, comme il est plus amplement déclaré dans l'écrit de la dédicace que messieurs les consuls, au nom de ladite ville, y laissèrent pour exprimer leurs sentimens de dévotion envers cette église, avec un fort beau tableau, garni de sa corniche, représentant la grâce singulière qu'ils avoient reçue. Tous les corps de la ville y vinrent

en procession solennelle , avec toute la
pompe et la solennité possible , le 22 du mois
de juin 1653 , suivis d'une foule de peuple.

Ce qui ne fut pas sans quelque particulière providence de Dieu , d'autant que lorsque je faisois travailler à la réparation de
cette chapelle, que j'avois destinée à la dévotion des habitans de ladite ville , on décou-
vrit sur les vitres de cette chapelle, après les
avoir fait laver , des marques anciennes de la
piété des citoyens de ville à cette église de Ceignac , et spécialement à cette chapelle ; on y
voit d'un côté l'image de la Ste.-Vierge , et
celle de St. Amans, évêque de Rodez, d'autres au-dessous se voient les armes de la
ville de Rodez de la cité et du bourg d'un côté,
et de l'autre l'image du vénérable François
d'Estaing , évêque de Rodez, avec son ha-
bit de pénitence du tiers-ordre de St.-Fran-
çois, duquel il avoit accoutumé de se servir , même pendant son épiscopat, comme
il est remarqué en sa Vie , composée par un
père de la Compagnie de Jésus.

Et bien que je n'aie pu trouver des mémoires du sujet de cette représentation , il est
pourtant aisé d'inférer que ce fut à l'occasion
de quelque dévotion extraordinaire que les
habitans de cette ville eurent à cette église,

quelque temps après la mort de ce grand personnage dont la mémoire est en bénédiction, pour témoignage de l'estime que bout le peuple avoit de ce saint prélat, et pour une marque de la singulière dévotion qu'il avoit eue de son vivant à cette église, en laquelle il voulut, entre les autres occasions, bénir solennellement la grande cloche, qui est une pièce de grand prix, et d'un son également vénérable et touchant. Ce fut le 16e jour du mois de novembre de l'an 1512.

À l'opposite de cette chapelle est celle de St. Joseph, époux de la Ste.-Vierge, d'une pareille grandeur, laquelle fut bâtie l'an 1654, avec le revenu de la fabrique de cette église, et les libéralités de plusieurs bienfaiteurs. Elle est ornée d'un beau tableau, garni de sa corniche, représentant le mariage de St. Joseph avec la Ste.-Vierge, donné par feu M. le marquis d'Arpajon, avec d'autres beaux ornemens pour servir à ladite chapelle, l'an 1658.

Au-dessus de l'entrée de l'Eglise, il y a un jubé, où il y a un autel dédié au grand St. Jean-Baptiste, qui fait le 7e de cette église, pour servir aux sept stations désignées pour gagner les indulgences concédées à cette église.

Cette église n'étant pas assez spacieuse pour recevoir le grand nombre de pèlerins qui s'y rendent de toutes parts durant le cours de l'année, elle fut augmentée d'un vestibule considérable, l'an 1667.

Enfin, au-dessus des voûtes de cette église se voit une tour d'une haute et solide architecture, servant à porter les cloches de ladite église, qui ne contribuent pas peu à sa décoration, tant pour leur prix que pour leur antiquité, la seconde desquelles fut bénie solennellement par messire Louis d'Abelly évêque de Rodez, le 8 d'avril 1665.

CHAPITRE III.

De la sainteté de l'église de Ceignac.

Il ne faut pas s'étonner si les lieux où Dieu daigne se communiquer à ses créatures, ou qu'il choisit pour y habiter d'une manière particulière, sont remplis de vénération ; comme Dieu est une majesté souveraine, pleine de gloire et de sainteté, son accès n'en peut être que surprenant ; c'est pourquoi le patriarche Jacob fut saisi de frayeur et de crainte lorsque Dieu lui parla par cette échelle mystérieuse qu'il vit en allant en Mésopotamie ; s'écriant : Oh ! que ce lieu est terrible ! Ce n'est autre chose que la maison de Dieu et la porte du ciel, nous donnant à connoître la sainteté de la maison de Dieu, par la terreur qu'elle donne. Nous pouvons dire avec raison que l'église de Ceignac est très-sainte, parce qu'il est impossible de l'aborder sans être saisi de crainte et d'un respect singulier qu'on ne sauroit exprimer.

Et pour autoriser davantage ce que j'avance, je rapporterai à ce sujet une merveille arrivée un jour de la semaine sainte de l'an 1647 à un cavalier étranger qui vint visiter cette église plutôt par curiosité que par dévotion, comme il le dit lui-même, lequel s'étant approché du grand autel, et fait tirer le grand voile qui couvroit l'image de la Vierge, il fut saisi de suite d'une telle frayeur, que tout son corps trembla et fut couvert d'une sueur extraordinaire ; voyant que ces accidens n'étoient pas naturels, il se sentit un vif désir de se confesser, ce qu'il n'avoit fait depuis huit ans et se disposa de suite à une confession générale, qu'il fit avec une bonne contrition et une grande effusion de larmes.

On peut attribuer cette conversion miraculeuse à la sainteté de ce lieu, où Dieu a voulu faire paroître les richesses de sa bonté en faveur de ce cavalier , par les intercessions de celle que l'Eglise appelle le refuge des pécheurs , mais qui est pareillement terrible comme un champ de bataille où sont rangés ses escadrons. C'est la sainteté de ce lieu qui attire un si grand nombre de pèlerins que l'église ne peut pas souvent contenir , étant fréquemment visitée par les paroisses voisines , qui y viennent en procession solennelle porter leurs hommages à la Sainte-Vierge avec une grande édification , où l'on voit souvent des personnes qui y viennent rendre leurs vœux et leurs reconnoissances pour avoir été préservées de la mort dans leurs grièves maladies , s'étant vouées à cette église , revêtues de leurs suaires , pour protester publiquement qu'elles sont comme ressuscitées par les faveurs de la Vierge, à laquelle elles viennent rendre leurs devoirs, avec une si grande dévotion qu'on ne peut parfois s'empêcher de verser des larmes de douceur et de joie sur ces Lazares tirés presque de leurs tombeaux ; sont-ce pas des marques authentiques de la sainteté de ce lieu ?

Il y a plusieurs choses qui contribuent

à rendre cette église digne de vénération. Premièrement, son antiquité et les dons considérables qui y ont été faits depuis plusieurs siècles, comme nous en parlerons dans la suite.

Secondement, les grandes bénédictions que Dieu y a versées, depuis son institution et les grandes merveilles qu'il y a opérées par les intercessions de la Vierge; le grand nombre de lampes qui y brûlent nuit et jour, qui donnent une sensible dévotion et un merveilleux éclat à cette église, outre les richesses et les beaux ornemens dont elle est embellie. Enfin les reliques des Saints qu'il y a depuis long-temps, dont nous parlerons maintenant.

CHAPITRE IV.

Des saintes Reliques qui sont en cette église.

ENTRE les biens que l'Église de Dieu possède par la dispensation divine, les reliques des Saints sont les plus chers et le plus considérables, tant à cause de l'honneur et de l'éclat, que de l'utilité qu'elle en reçoit; n'est-ce pas un grand avantage, qu'elle puisse manier les ossemens et les reliques de ceux dont elle solennise la mémoire; honorant leurs âmes, qui jouissent de l'éternité bienheureuse, et leurs corps, que Dieu glorifie par le respect et la vénération qu'on leur rend, ce sont autant de marques des victoires qu'elle a remportées sur ses ennemis et des preuves de sa sainteté, Dieu s'étant voulu servir de ses membres sacrés pour en faire des belles œuvres, et des actions miraculeuses par la force de sa grâce et de sa vertu: quelle gloire pour l'Église de jouir de ces dépôts sacrés!

D'ailleurs on ne sauroît assez estimer les grands biens qu'elle reçoit par la voie de ces saintes dépouilles, outre les sentimens efficaces dont elle est remplie pour sa sanctification dans la vue et la considération des tombeaux et des ossemens de ces Saints; il ne faut pas douter qu'elle n'attire de grandes bénédictions de Dieu, par les mérites de ceux dont elle révère les reliques: en quoi nous devons admirer la divine providence, qui, pour ne pas priver de ses grâces les lieux chrétiens, elle les répand par l'entremise des reliques des Saints, et en a presque pourvu toutes les églises de la chrétienté.

L'église de Ceignac se trouve bien par-

tagée pour ce regard, puisqu'elle a l'avantage d'en posséder de très-rares, d'anciennes et en grand nombre.

Outre celles qui sont enfermées dans les
autels, dans des boîtes de plomb dont les titres ne sont pas connus, et celles qui sont
dans l'ancienne croix de cette église, il y a
dans un petit coffre d'argent, délicatement
travaillé, de quarante sortes de reliques, dis-
tinguées par leurs billets, inventoriées le
7 juillet 1337, lequel inventaire est dans
les archives de cette église, où est con-
tenu le dénombrement des reliques sui-
vantes :

Premièrement des marques de lait de la
Ste.-Vierge sur un petit linge.

Des vêtemens de la Sainte-Vierge.

Du sépulcre de la Sainte-Vierge.

Du voile de la Sainte-Vierge.

Du sépulcre de Notre Seigneur.

De la pierre où Notre Seigneur adora
son père la veille de sa passion.

Du berceau de Notre Seigneur.

Deux pièces du bois de la Ste.-Croix,
enchâssées dans la grande croix d'argent
de cette église, mises en forme de croix.

De l'éponge et du fiel qu'on bailla à Notre Seigneur sur la croix.

2*

De la table où Notre Seigneur mangeoit avec ses disciples.

Des marques du précieux sang de Notre Seigneur sur un linge.

Des vêtemens de Notre Seigneur.

De la palme qu'on donna à Notre Seigneur en sa passion.

Des ossemens de la tête de St. J.-Baptiste.

Du pain de la cène des apôtres.

Des ossemens des Saints-Innocens.

De la crèche ou Notre Seigneur fut mis en sa naissance.

Du plat où Notre Seigneur mangea la veille de sa mort.

Du bras et du voile de Sainte Magdeleine.

Du doigt et ossemens de St. Barthélemi, apôtre.

Des ossemens de Saint Laurent.

Des reliques de Saint Blaise,

Des ossemens de Saint George.

Des reliques de Saint Thomas, martyr.

Des ossemens de Sainte Juliane.

Des ossemens des onze mille Vierges.

Des reliq. de St. Amans, év. de Rodez.

Des reliques de St. Dalmas, évêque de Rodez.

Des ossemens de St. Leontius.

Du bras de St. Aurolégius.

Des ossemens de Sainte Luce.

Des pierres avec lesquelles Saint Etienne fut lapidé.

Des reliques de Saint Sernin en quantité.

Du bras et du sépulcre de Ste. Catherine.

Des reliques de Ste. Cécile.

Des reliques de St. Antoine.

Des reliques de St. Nicolas.

Des reliques de Sainte Foi.

Du bras de St. Martial, fondateur de cette église.

CHAPITRE V.

Des Lampes d'argent qui sont en cette Église.

L'USAGE des lampes et des flambeaux dont l'Église se sert dans le culte qu'on rend à Dieu et à ses Saints, est d'autant plus approuvé qu'il est introduit par l'institution de Dieu même depuis l'ancienne loi ; nous lisons qu'il ordonna à Moyse de faire brûler une lampe dans le tabernacle destiné au culte de sa majesté, aux dépens de son peuple ; il l'obligea de fournir d'huile d'olive bien purifiée pour son entretien, voulant que ce culte lui fût rendu perpétuellement, comme un hommage dû à sa grandeur et à sa souveraineté.

Il lui commanda aussi de faire un chandelier de fin or avec ses ornemens, pour y mettre sept flambeaux qu'il feroit allumer au temps du sacrifice, pour donner plus d'éclat et de vénération à cette action solennelle. C'est donc avec témérité que les hérétiques nous blâment de ce que nous nous servons de lampes et de luminaire dans la célébration de nos mystères, dont les anciens n'étoient que l'ombre et la figure; c'est avec raison que l'Église observe cette louable coutume, tant pour célébrer ses mystères avec plus d'honneur et de vénération, que pour témoigner que nous sommes des enfans de lumière par la grâce baptismale, qui nous a faits enfans de Dieu, et nous devons aller au-devant de l'époux de nos âmes dans l'éternité comme des lampes mystiques, ainsi que dit St. Cyrille le Jérosolimitain, en ces mots ; « Ornons en ce jour nos lampes avec allégresse, comme des enfans de lumière : offrons agréablement nos cierges à Jésus-Christ, la véritable lumière, qui a voulu paroître en ce jour solennel pour illuminer aussi merveilleusement les gentils, par une grâce spéciale; » et St. Grégoire de Nazianze, lorsqu'il dit, parlant de la lumière qu'on met à la main du baptisé : « Les lampes que vous allumez sont la figure de ces lumières éclatantes avec lesquelles nos âmes saintes, éclairées de la lumière de la foi, iront au-devant de leur époux sacré, Jesus-Christ. »

C'est par ces considérations que les fidèles chrétiens ont de tout temps fait gloire de donner des lampes et des luminaires dans les églises, pour les faire brûler incessamment devant les autels, ou sur les tombeaux des Saints; ainsi qu'on voit dans la plupart des églises considérables où il y a un très-grand nombre de lampes d'argent, que les papes, les rois, les empereurs et autres grands seigneurs y ont données pour marques de leur dévotion.

C'est en cela principalement que l'église de Ceignac est très-illustre et vénérable, y ayant quantité de lampes d'argent d'un prix considérable, données par des cardinaux, évêques ou autres grands seigneurs, qui ont témoigné par ces présens magnifiques l'estime qu'ils ont faite de cette église, la plupart desquels ont donné des revenus suffisans pour les faire brûler perpétuellement devant l'image de la Sainte-

Vierge, comme vous verrez dans la suite de cette histoire.

CHAPITRE VI.

Quatre Lampes d'argent données par les seigneurs d'Arpajon.

LA maison d'Arpajon est une des plus considérables et des plus illustres du royaume, qui a produit de très-grands personnages, qui se sont rendus recommandables à la postérité par les signalés services qu'ils ont rendus, tant à l'Eglise qu'à l'Etat; et ce qui est de singulier et de remarquable en elle, c'est que la dévotion envers la Sainte-Vierge y a été toujours en très-particulière recommandation, s'y étant maintenue de père en fils par succession héréditaire, de quoi les seigneurs de cette ancienne maison ont donné de beaux témoignages et des marques authentiques en divers endroits, et singulièrement dans l'église de Ceignac, qu'ils ont de tout temps chérie, protégée par leur puissance, et ornée de leurs magnifiques dons, entre lesquels sont quatre belles lampes d'argent.

La première fut donnée par messire Bertrand d'Arpajon, l'an 1316, comme il se voit dans l'inscription mise autour, en langue gothique et vulgaire.

La seconde fut donnée par messire Guy d'Arpajon (celle-ci est surdorée de fin or), l'an 1472, comme il résulte d'un vieux acte inséré dans le calendrier ou livre des dons anniversaires de cette église.

La troisième fut donnée l'an 1632, par madame Jacquette de Clermont, dame marquise de Séverac, laquelle a donné encore d'autres marques de sa dévotion à l'endroit de la Sainte-Vierge, par l'offrande qu'elle fit en cette église, quelques années après, de riches et précieux ornemens dont nous parlerons ensuite.

La quatrième fut donnée par monseigneur le duc d'Arpajon, l'an 1644, en reconnoissance des grâces spéciales qu'il reçut de Dieu par l'entremise de la Sainte-Vierge, dans son voyage de Malte, qu'il entreprit généreusement, en qualité d'ambassadeur extraordinaire de Sa Majesté, pour la défense de l'Eglise contre le Turc, qui vouloit assiéger cette île, où il fit paroître de si beaux effets de sa rare conduite et longue expérience dans l'art militaire, qu'il reçut de ce grand ordre la grande croix qui sert

d'un bel ornement à ses armes, en reconnoissance de son grand zèle, et du secours
qu'il apporta pour repousser l'ennemi.

CHAPITRE VII.

Six Lampes d'argent données par le cardinal de Pelagrua.

MESSIRE Arnauld de Pelagrua étoit natif de Bordeaux, comme rapporte Onuphre
en son Traité des cardinaux ; il étoit neveu
du pape Clément V, qui transféra le
St.-Siége apostolique en France ; il fut créé
cardinal, du titre de Ste-Marie *in porticu*,
par le pape, son oncle, l'an 1305, dans la
ville de Lyon, le 13 décembre, aux quatre
temps de l'Avent, le 1er de son pontificat.

Ce cardinal étoit un personnage très-illustre, doué de toutes les belles qualités
requises à un prince de l'Eglise, et dont la
prudence lui mérita la légation en Italie,
pour les affaires de Ferrare en 1308. Dans
son dernier testament, il fit de grands légats
à l'église de Ceignac, qui la rendoit célèbre
par la dévotion qu'on avoit pour elle, et
par rapport à la Vierge, qui lui a été fa-
vorable dans ses affaires.

Outre les présens qu'il fit à cette église ; il finit par lui léguer 500 florins d'or, pour l'achat de six lampes d'argent, et pour leur entretien après son décès, qui fut en 1337. Les six lampes furent offertes, par un des exécuteurs testamentaires, à la Ste.-Vierge ; il acheta dans le canton une rente pour les faire toujours brûler devant la Vierge, comme il résulte des actes des archives de cette église, et des armes du cardinal, qu'on voit dans les six lampes.

CHAPITRE VIII.

Autre Lampe d'argent, donnée par messire Jean d'Amboise, évêque de Maillaizais.

Si le don précédent des lampes est un témoin de l'estime qu'on avoit pour l'église de Ceignac, celui de Jean Amboise, en 1472, d'une autre lampe à cette même église, est aussi recommandable, puisque Dieu lui accorda toute grâce par la faveur de la Ste.-Vierge, dont voici l'inscription :

Messire Jean d'Amboise ayant ressenti toutes les faveurs de la mère de Dieu, lui a offert ce présent, en 1472.

Quel glorieux témoignage pour cet évêque ! l'effet de ses prières fut couronné avec un avantage qu'il n'auroit peut-être pas eu dans une autre église.

CHAPITRE IX.

Trois Lampes d'argent données par les seigneurs de Planèses.

CES seigneurs ont toujours été considérés, soit par leur noblesse, soit par leur piété, dont ils ont donné des marques dans plusieurs de leurs dons, et surtout des lampes. La première fut donnée par Jordin du Cros, seigneur de Planèses, en 1476, avec une rente perpétuelle pour l'entretien d'icelle, par un acte authentique de la dévotion de ce seigneur à la Vierge. Les autres deux furent données par François Cros et du Berail, seigneurs de Planèses, en 1599, aussi avec des rentes pour l'entretien d'icelles.

CHAPITRE X.

Autres cinq Lampes d'argent données.

LA première fut donnée par madame de Loubens, en 1625, avec une rente. La seconde par madame Jeanne de Beauclair, en 1652, avec rente. La troisième, par le comte et la comtesse de Clermont, en 1659, pour l'entretien de laquelle l'abbé de Catus, en Querci, donna 400 livres. La quatrième, par le baron de Bessac, en laquelle sont gravées les armes dudit seigneur.

La cinquième, par François de la Porte, en exécution d'un vœu qu'il avoit fait à la Vierge. Il fut si agréable à Dieu, que le même jour qu'il offrit sa lampe, il fut guéri de son incommodité. Cette déclaration a été signée de sa propre main.

CHAPITRE XI.

Des autres dons faits à l'église de Ceignac.

DIEU nous a donné tout en nous donnant son fils, comme dit l'Apôtre, et ce

bonheur comprend tous les autres , parce
que la Vierge a mis Jésus-Christ au monde,
et que c'est un devoir de lui offrir une partie de nos biens. Plusieurs bonnes âmes
ont fait des libéralités dans les lieux consacrés à l'honneur de la Vierge , et l'église
de Ceignac a cet avantage. Tous les trésors
qu'elle possède sont des offrandes de grands
seigneurs. Tant de précieux ornemens et
une infinité de beaux meubles sont leurs
dons , et desquels je vais déduire les principaux.

CHAPITRE XII.

Des autres dons faits à l'église de Ceignac ,
par l'illustre maison d'Arpajon.

OUTRE les dons des quatre lampes d'argent et du tableau de l'Assomption de la
Vierge , et de deux chandeliers de bronze,
faits par la maison d'Arpajon, il en est encore d'autre dignes d'être couchés ici,
comme calice surdoré , patène de fin or,
donnés en 1480 , par madame d'Aubussou.

Madame de Bourbon donna, l'an 1517,
une chasuble de drap d'or, représentant nos

mystères, ouvrage singulier et d'un prix considérable.

Madame de Clermont fit présent, en 1642, d'un beau service de toile d'argent, parsemée de belles fleurs de soie, et garnie de dentelles et passemens d'or.

Monseigneur le duc d'Arpajon, outre ses autres dons, fit aussi présent d'une belle figure de la Vierge, à demi-relief.

Messire Jean d'Arpajon donna, en 1640, un bassin et une paire de burettes en argent ; il donna ensuite à son retour de Malte, un riche porte-Dieu et un ciboire, présens fort estimés des curieux.

Madame Catherine Henriette d'Harcourt, dame duchesse d'Arpajon, fit présent, en 1657, d'une croix d'argent et de deux chandeliers pour servir à l'autel, en exécution d'un vœu fait pour la santé de mademoiselle d'Arpajon, étant dans un extrême péril de sa vie.

Madame Marie d'Arpajon, fille à monseigneur le duc d'Arpajon, religieuse carmelite à Paris, fit présent à cette église, avant son départ de cette province, en 1656, d'un devant d'autel de toile d'or et d'argent, d'un prix très-considérable.

CHAPITRE XIII.

Des autres dons faits à cette église par le cardinal de Pelagrua.

CE cardinal ne montra pas seulement ses libéralités à l'endroit de cette église, par l'offrande et la fondation qu'il fit de six lampes d'argent, dont nous avons déjà parlé ; mais il voulut encore donner un témoignage éclatant de sa dévotion envers icelle, par une infinité d'autres dons qu'il y fit, et auxquels on doit attacher un grand prix. De tous ces dons, il est à remarquer que le plus essentiel et le plus considérable est une belle grande croix d'argent, garnie de rares pierres, infiniment précieuses ; elle est aussi accompagnée de cinq compartimens superbes, tous plus beaux les uns que les autres, et garnis de cristal. On y voit plusieurs reliques saintes, qui y sont enchâssées, et particulièrement une petite croix du véritable bois de la croix de notre Sauveur, ainsi que nous avons déjà vu ci-devant.

Cette grande croix est construite de façon qu'il est impossible de se tromper sur son ntiquité, qui paroît singulièrement aux ettres syriaques qui sont gravées en l'un lesdits compartimens, et qui composent le itre abrégé que les juifs mirent sur la croix le notre Sauveur.

Il fit encore présent d'un petit coffre out en argent, où sont renfermées à deux lefs les saintes reliques ci-devant men-ionnées. D'un autre côté, il donna deux rands bourdons d'argent, pour servir aux rocessions et offices solennels, et une elle paire de burettes d'argent, brunies en r, et d'une grandeur extraordinaire.

Pour tout dire enfin, il donna beaucoup 'autres ornemens, comme on le voit dans 'inventaire des meubles de cette église, et ar les armes de ce cardinal, qui sont une rue, paroissant en tous ses dons.

CHAPITRE XIV.

Des autres dons faits à l'église de Ceignac, par diverses autres personnes.

MESSIEURS les consuls de la ville de Rodez, firent présent à cette église, le jour e Saint-Laurens, de l'année 1623, d'un evant d'autel de velours à la turque, bleu,

ramagé à fond d'or, garni de nattes et fran-
ges d'or ; où sont représentées les armoi
ries des deux communautés de ladite ville.

Monsieur Madrière, conseiller intime
au sénéchal et siége-présidial de Villefran-
che, fit présent à cette église, en l'an
1630, d'un très-beau calice d'argent, garni de sa patène, merveilleusement doré.

Monsieur Parayré, lieutenant-particu-
lier au sénéchal et siége-présidial de la ville
capitale de Rodez, donna pareillement
la susdite église, en l'an 1632, un autre
superbe calice d'argent, garni de sa patène

Dom Raymond Moli, très-vertueux religieux de la chartreuse de Rodez, fit présent à cette église, le 22 du mois de juin
1653, d'une chasuble de toile d'or et d'argent, merveilleusement relevée de fleurs de
soie, en exécution d'un vœu qu'il fit à
Dieu pendant son noviciat en ladite chartreuse, à l'honneur de la Sainte-Vierge
invoquée sous le nom sacré de Nôtre-
Dame-de-Ceignac, pour la délivrance des
notables incommodités qu'il souffroit pendant son noviciat, à cause de la rasure, qu'il
croyoit ne pouvoir plus supporter, sans un
secours particulier de la Sainte-Vierge ;
par les faveurs de laquelle il en fut soudain

délivré, en suite de son vœu, sans qu'il n'en
ût du depuis ressenti aucune suite.

Madame Magdeleine de Brussac, abbesse
du monastère de Saint-Cernin, de Rodez,
fit présent à cette église, d'un devant d'autel de satin blanc, lequel étoit parsemé de
superbes fleurs de soie à diverses couleurs,
en l'année 1655, en reconnoissance des
grâces particulières qu'elle avoit reçues de
Dieu, par l'entremise de la Sainte-Vierge,
qu'elle avoit toujours invoquée sous le nom
de Notre-Dame-de-Ceignac.

Madame Magdeleine d'Alboni de Peyra-
de, très-digne femme de messire François
de Mailbac, baron de Bessac, fit présent à
cette église, en 1658, d'un devant de toile
d'or, garni d'une superbe et grande dentelle
d'or et d'argent, d'un prix considérable.

Messire Victor Alexandre de Frezals,
conseiller du roi en la souveraine cour du
parlement de Toulouse, fit présent à cette
église, le quinze du mois de septembre
1671, d'un très-beau calice d'argent, garni de sa patène, supérieurement doré, en
exécution du vœu qu'il fit à Dieu en
l'honneur de la Sainte-Vierge, qu'il n'avoit
cessé d'invoquer sous le nom de Notre-
Dame de Ceignac, relativement à une cruelle

maladie qu'il eut quelque temps auparavant,
de laquelle il n'espéroit plus se relever, à
l'exception qu'il ne reçût une faveur spéciale de Dieu, dans le sentiment des médecins qui le traitoient; ayant ressenti sur
l'heure même de son vœu un notable soulagement, et dans peu de jours après une
santé parfaite, ainsi qu'il l'a déclaré lui-
même, en venant rendre ses actions de
grâces dans cette église.

Il y a également beaucoup d'autres dons
considérables, qui sont énoncés dans l'inventaire général des biens meubles de cette
église, que j'omets ici, pour éviter la lon-
gueur, et afin de ne pas ennuyer.

CHAPITRE XV.

*Des indulgences qui se gagnent en l'église
de Ceignac.*

BIEN qu'on sache que les lieux de dévotion aient assez d'attraits par eux-mêmes,
afin d'être visités des fidèles; néanmoins,
comme on se porte plus volontairement aux
endroits où l'on trouve avec avantage ses
intérêts personnels, le Saint-Siége les a de
tout temps favorisés de tous les trésors de

l'Eglise, dans le rang desquels il faut placer l'indulgence pléniaire, afin d'exciter d'autant plus le peuple à les fréquenter, et à s'assurer par ce moyen la voie du salut, en visitant et en fréquentant souvent le temple du Seigneur.

C'est aussi ce qui rend encore l'église de Ceignac autant illustre que fréquentée, y ayant d'ailleurs une infinité d'indulgences, toutes plus belles les unes que les autres, qu'on y peut gagner en différens temps de l'année, et surtout avec facilité.

On trouve expressément dans quelques anciens Mémoires de cette sainte église, que le vénérable pape Martine V donna, en 1420, indulgence plénière à tous ceux qui visiteroient cette église aux jours des fêtes chômables de la Sainte-Vierge, et le jour du dimanche d'après l'Assomption, qu'on appelle vulgairement, *le jour du grand Pardon de Ceignac.*

Mais comme le bref du pape est inconnu, et qu'on ne sait si l'indulgence fut à perpétuité ou pour quelque temps, ou si elle a été depuis révoquée, et qu'il ne restoit qu'un titre en forme, de cent ans d'indulgence, pour les cinq fêtes chômables concédées à perpétuité par vingt cardinaux nommés dans le titre où sont leurs sceaux attachés, expédié en la ville de Florence, l'an 1515, à la supplication de messire Jean d'Arpajon, seigneur très-affectionné pour cette église, comme nous l'avons déjà dit, lequel l'ayant fait présenter à messire François Destein, alors évêque de Rodez, il en permit la publication.

Voyant donc qu'il ne restoit que cette dernière indulgence, qui n'est que de cent jours, j'obtins en 1655, du pape Alexandre, VIIe de ce nom, deux bulles, portant concession d'indulgences authentiques, dont l'une contient celles des sept stations aux sept autels de l'église de St-Pierre de Rome, que le Saint-Père accorde à tous ceux qui visiteront les sept autels de l'église de Ceignac, après être confessés et communiés, et prieront dévotement pour la paix et la concorde entre les princes chrétiens ; savoir : aux jours de la Nativité, Conception, Purification, Annonciation et Assomption de la Sainte-Vierge, et le jour du dimanche après la fête de l'Assomption, comme aussi le jour de la Pentecôte et les deux jours suivans, le jour de la Nativité de N.-S., de la fête de Toussaint, et de la fête du corps de J.-C., auxquels jours tous ceux qui, après être confessés et communiés visitent les sept autels de cette église, et y font des prières aux mêmes fins que dessus, gagnent les indulgences que le Saint-Siége a accordées à tous ceux qui visitent les sept autels de l'église de Saint-Pierre de Rome, comme si effectivement ils les visitoient.

La bulle en fut expédiée à Rome dans le courant du mois de juillet 1655, et le premier du pontificat de notre saint père le pape Alexandre VII : elle fut, à la même époque, autorisée du seing de monseigneur le très-illustrissime et révérendissime père en Dieu, messire Hardouin de Perefixe, évêque et seigneur de Rodez, le 4 septembre 1655.

L'autre bulle porte une indulgence plenière pendant l'oraison de quarante heures le jour et fête de Saint Joseph, et les deux jours suivans, en faveur de tous ceux qui, étant confessés et communiés, visiteront dévotement pendant l'un des trois jours la chapelle érigée en cette église à l'honneur de ce grand Saint, époux de la sacrée Vierge, et y feront quelques prières comme il a été dit ci-devant.

Comme aussi la même bulle concède cent jours d'indulgence à tous ceux qui assisteront une fois la semaine aux litanies de la Sainte-Vierge qui se chantent en cette église, et feront des prières comme dessus ; la bulle en fut expédiée à Rome le même jour et an que ci-dessus, et autorisée pareillement du seing du seigneur évêque de Rodez.

De plus, il est à remarquer qu'il se trouve dans des anciens mémoires de cette église, écrits en un livre de parchemin par maître Duran Guisardon, prieur et archiprêtre de Ceignac, que, l'an 1418 et le mardi après la fête de Pentecôte, 17 de mai, le révérend père en Dieu, messire Vital de Lio, évêque de Rodez, visita l'église de Ceignac, et conféra la tonsure et la confirmation au pied de la croix qui se voit maintenant auprès du grand oratoire qui est hors le cimetière, sur le chemin tendant de Ceignac à Rodez ; laquelle croix ce seigneur évêque bénit solennellement, qu'un certain Deocat Costes, du lieu de la Cassaigne, et prêtre de Ceignac, avoit fait faire ; après la bénédiction de laquelle, il donna quarante jours d'indulgence à perpétuité à tous ceux qui visiteroient cette croix tous les vendredis, récitant au pied d'icelle cinq fois le *Pater* et sept fois l'*Ave Maria*.

CHAPITRE XVI.

Des grâces particulières que Dieu donne dans cette église par les intercessions de la Sainte-Vierge, pour diverses nécessités.

DIEU, qui remplit tout l'univers par son immensité, fait partout du bien à ses créatures, et il n'y a point de lieu où sa main toute-puissante soit raccourcie : il est vrai néanmoins qu'il se plaît à donner des grâces particulières en certains lieux, qu'il n'accorde point dans d'autres. Nous lisons dans la sainte écriture qu'il voulut guérir de la lèpre ce grand intendant des armées du roi de Syrie, Naaman, dans le fleuve du Jourdain, en s'y lavant sept fois, suivant l'ordre qu'il en reçut du prophète Elisée, qu'il étoit venu consulter en Samarie pour la guérison de son infirmité, quoiqu'il y eût dans son pays des eaux très-salutaires pour s'y laver, comme disoit ce prince : Pourquoi ce prophète veut-il que j'aille me laver sept fois dans le fleuve du Jourdain pour recevoir la guérison de mon mal ? les eaux d'Abana et de Pharphar, du fleuve de Damas, ne sont-elles pas meilleures

que celles d'Israël, et plus efficaces pou
me donner la santé ? Il suivit pourtant l'a
vis de ce prophète, et s'étant lavé sept foi
dans le Jourdain, il fut aussitôt guéri d
sa lèpre.

D'ailleurs, Dieu avoit établi dans Jéru
salem cette piscine salutaire dont parle St
Jean, pour la guérison de toutes sortes d
maladies, dans laquelle il falloit nécessai
rement que les malades entrassent lorsqu
l'ange descendoit du ciel en certain temp
pour remuer l'eau d'icelle, qu'ils ne trou
voient point ailleurs.

Ainsi nous voyons tous les jours que
Dieu accorde la guérison de quelques ma
ladies, et qu'il a ce semble attaché certai
nes bénédictions à quelques églises particu
lières (grâces qu'on nomme communément
locales) qu'on ne reçoit qu'en celles-là ;
c'est pour cela qu'on va les visiter, afin
d'y trouver ses consolations.

C'est en cela que l'église de Ceignac
se trouve très-favorisée ; car outre les
bénédictions ordinaires que Dieu y verse
continuellement, il y donne cinq sortes de
grâces particulières qui sont très-considé—
rables.

La première est la contrition des péchés..

La seconde est la sainte réunion des personnes mariées qui ont vécu long-temps dans la division et dans la haine, qui porte quelquefois à la séparation, qui est un malheur extrême dans le mariage.

La troisième est la délivrance merveilleuse des maléfices à l'égard des mariés.

La quatrième est la fécondité des femmes stériles.

La cinquième est le soulagement dans ses grandes affaires où l'on se trouve embarrassé.

Pour ce qui est de la première, il suffiroit de voir ce que j'ai rapporté au chapitre troisième de la sainteté de cette église, où il est aisé de remarquer la grâce singulière de la contrition des péchés, que Dieu donne dans ce sacré lieu par les merveilleuses opérations de son esprit: j'ajouterai pourtant à ce sujet, qu'on sait que plusieurs âmes qui n'avoient aucune sorte de sentiment de repentance de leurs péchés, lesquelles avant que de sortir de cette église les ont lavés dans l'abondance de leurs larmes, qui provenoient, autant qu'il se pouvoit connoître, d'une contrition plus que commune, suivie d'un véritable amendement, qui est la véritable marque pour dis-

4*

tinguer les vraies larmes d'avec les fausses
et la sincère pénitence d'avec la défec-
tueuse, parlant selon le sentiment commun
des Saints Pères.

C'est donc une grâce particulière que
Dieu fait dans cette église aux vrais pèlerins qui y viennent, principalement pour
confesser leurs péchés.

Pour ce qui est de la seconde grâce particulière que Dieu donne dans cette église,
il est très-certain qu'il y a plusieurs personnes mariées qui avoient vécu long-temps
dans la division, lesquelles ayant fait vœu
de venir dans cette église, ont été soudain
unies, en telle sorte qu'il sembloit n'y avoir
eu jamais entre elles le moindre ombrage
d'inimitié ; grâce qui est d'autant plus singulière, que telles réconciliations sont peu
fréquentes.

Quant à la troisième grâce, on sait qu'il
y a eu plusieurs personnes mariées, affligées
par des maléfices diaboliques, qui, empê-
chant l'usage du mariage, divisoient encore
leurs esprits par des haines irréconcilia-
bles, qui n'en pouvoient être délivrées que
par les intercessions de la Sainte-Vierge,
invoquée dans cette église, dont elles ont
ressenti des effets si merveilleux, qu'elles

en ont été quelquefois délivrées le jour même de l'accomplissement de leurs vœux, comme beaucoup l'ont assuré quelque temps après, y venant rendre leurs actions de grâces à Dieu.

Pour la fécondité des femmes stériles, qui est la quatrième grâce particulière que Dieu accorde dans cette église, il est certain qu'il est arrivé plusieurs fois que des femmes mariées, ayant demeuré plusieurs années dans leur mariage sans avoir des enfans, en ont eu dans l'année même qu'elles avoient fait leur vœu.

Enfin, on sait par diverses voies, que Dieu a merveilleusement exaucé plusieurs personnes qui se trouvoient embarrassées dans de malheureuses affaires, avec danger évident d'un dommage notable, qu'elles n'eussent pu éviter que par des secours extraordinaires du ciel, dont elles ont été délivrées par l'entremise de la Sainte-Vierge, invoquée sous le nom de Notre-Dame de Ceignac.

CHAPITRE XVII.

Des miracles opérés par l'invocation de Notre-Dame de Ceignac.

IL n'y a point de plus forte preuve de la sainteté des œuvres de Dieu, que les miracles qu'il opère pour l'établissement ou l'avancement d'icelles ; comme les hommes ne sont pas capables de comprendre les desseins de Dieu par la force de leur raisonnement, ils sont plus facilement convaincus par la vue des choses qui sont au-dessus de l'ordre de la nature ; c'est pour cela que, pour autoriser la prédication des apôtres, dont il voulut se servir pour l'établissement de la loi évangélique, il voulut faire plusieurs miracles pour donner plus de créance aux esprits de ces vérités, qui surpassoient leur capacité ; de même nous ne saurions avoir des témoignages plus illustres de la sainteté des lieux de dévotion et de pèlerinage, que les miracles et les merveilles que Dieu y fait de temps en temps pour les autoriser davantage.

C'est ce qui ne manque point dans cette

Église, où la puissance de Dieu a paru souvent, en considération de celle qui y est particulièrement invoquée ; outre les merveilles inconnues que Dieu y a opérées de tout temps, nous avons des mémoires fort authentiques des miracles qui y ont été faits depuis plusieurs siècles, en faveur de diverses personnes, dont nous allons maintenant déduire les principaux, commençant par les plus anciens.

CHAPITRE XVIII.

D'un prince palatin d'Hongrie, guéri d'aveuglement dans l'église de Ceignac, l'an 1150.

LA tradition commune, fondée sur un vieux titre tiré de son ancien original par maître Jean Bergonhou, notaire, le septième jour de juillet 1307, nous fait foi qu'environ l'an 1150, il y avoit en Hongrie un prince palatin aveugle, fort dévot à la Ste.-Vierge, qu'il avoit accoutumé d'invoquer souvent dans une chapelle qu'il avoit fait bâtir dans son château à son honneur, y faisant brûler incessamment sept lampes devant son image, à l'honneur des sept mystères joyeux qui furent accomplis en elle ; la priant un soir en icelle, la Sainte Vierge lui apparut en vision, et lui demandant qu'est-ce qu'il vouloit d'elle, il lui répondit qu'il lui plût de lui donner la vue. Je veux te l'accorder, repart la Sainte Vierge, mais non pas dans ce lieu ; va-t'en dans le royaume de France, dans une dévote chapelle bâtie et consacrée à mon nom près de la ville de Rodez, dans la forêt de Cayrat, nommée des Monts, entre les rivières de l'Aveiron et de Viaur ; c'est là que j'exaucerai tes prières. Après quoi la vision disparut, dont il resta merveilleusement consolé.

Il ne manqua point de se disposer à son voyage, sans pourtant découvrir la vision à personne ; prenant prétexte d'avoir des affaires importantes en France, fait équiper cent hommes pour sa conduite, se met en chemin, et, prenant la rivière du Danube, se met sur mer, où étant, il s'éleva une si horrible tempête, que ses gens furent dispersés sur les débris des vaisseaux, hors trois hommes qui se trouvèrent dans le sien, qui fut conservé en son entier. Ce bon seigneur voyant sa suite entièrement écar-

e, privé de ce secours, s'abandonne à
q providence de Dieu, sous la conduite de
lltte étoile de mer, la Sainte-Vierge, le
bjjet de toute sa confiance ; et poursuivant
ms avant son voyage, aborda heureuse-
ient en France ; et, s'acheminant vers
odez, se rencontra au bord de la rivière
Viaur, laquelle il passa sous la conduite
un bon vieillard qui se trouva au bord
ladite rivière ; s'étant informé de la
capelle de Notre-Dame des Monts, il se
conduire au chemin qui y tendoit, par ce
ysan, qui quitta la chasse, où il vaquoit,
assant ses filets tendus, dans lesquels il se
ouva, bientôt après, grand nombre de
oier, en récompense du bon office qu'il
ooit rendu à ce bon prince.
L'ayant conduit au haut d'une terre d'où
entendit la cloche de la chapelle, le paysan
n retourna, et ce prince s'arrêta sou-
in, se mit genoux pour rendre ses actions
grâces à Dieu, fit planter une croix,
uelle il faisoit porter en mémoire du
en qu'il avoit reçu : c'est suivant la tradi-
n en ce lieu où l'on voit à présent une
ande croix de pierre fort ancienne, près
village de Cureboursot, sur le carrefour
i sépare le chemin de Rodez et de Ceignac.

Il est probable qu'en mémoire de ce seigneu
et des miracles que Dieu fit en sa faveur,
on substitua par succession de temps à l[a]
première croix de bois que ce prince y fi[t]
planter, celle qui paroît aujourd'hui ; so[n]
antiquité, sa forme, et les écriteaux qu[i]
étoient gravés au haut d'icelle en lettres for[t]
anciennes, dont il reste encore quelque[s]
lettres que je n'ai pu bien lire, m'étan[t]
porté diverses fois sur le lieu, marquen[t]
quelque chose de singulier et d'extraordinaire, qu'on peut croire avec fondemen[t]
être du sujet de notre histoire.

De là, ce dévot prince fut conduit à pie[d]
dans la chapelle des Monts, où étant entré,
après avoir salué la Sainte-Vierge, fit com-
mencer la messe, pendant laquelle il reçu[t]
trois grâces extraordinaires, dont la première fut le recouvrement de la vue, pendan[t]
l'élévation du Saint-Sacrement, de laquell[e]
il jouit le reste de sa vie ; la seconde grâc[e]
qu'il y reçut, fut la guérison des fièvre[s]
dont il étoit travaillé ; et la troisième, qu[i]
ne semble pas moins miraculeuse, fut l[a]
rencontre inopinée de ses gens qui furen[t]
dispersés sur mer.

Qui pourroit comprendre la grande sati[s]-
faction dont le cœur de ce grand prince fu[t]

rempli dans cette rencontre , et les remer-
cîmens qu'il fit à Dieu et à la Ste.-Vierge : il
ne faut pas douter qu'il ne fût reconnoissant
à l'endroit de cette église , après les grâces
singulières qu'il y reçut ; aussi la tradition
porte qu'il y laissa les sept lampes d'argent
qu'il faisoit brûler dans la chapelle de son
château en Hongrie , quoiqu'elles ne paroissent point aujourd'hui dans cette église ,
ayant été du depuis refaites ou changées en
d'autres usages. Après avoir fait chanter le
Te Deum en actions de grâces, il reprit son
chemin d'Hongrie, passant par Rodez, pour
y visiter l'évêque, duquel il obtint que cette
chapelle s'appelleroit désormais Ceignac, en
mémoire de cent hommes de sa suite trouvés
miraculeusement dans ce lieu, contre toute
espérance ; et se souvenant toujours de ces
grâces singulières qu'il avoit reçues, magni-
fioit avec une extrême joie la bonté et la miséricorde de Dieu, pour les secours mira-
culeux qu'il avoit reçus de la Vierge dans son
église de Ceignac, qui a été depuis ce grand
miracle beaucoup plus illustre et recommandable qu'auparavant.

Antoine Bousquet, habitant du lieu de
Mâviel, paroisse de Lardayroles, en la juri-
diction de Castelnau de ce diocèse, reçut

dans cette église une pareille grâce que ce prince palatin, l'an 1561; lequel étant aveugle, et s'y étant fait conduire pour y faire ses prières, il y recouvra soudainement la vue; en reconnoissance duquel miracle il fonda à l'honneur de la Vierge le chant de l'Antienne *Inviolata* à perpétuité dans icelle, ainsi qu'il est amplement déclaré dans l'acte qui en fut expédié et retenu par main publique, qui est encore parmi les titres de cette église.

Je finirai ce chapitre des miracles anciens, parce que la tradition commune, confirmée par les mémoires de cette église, nous apprend que les marguilliers d'icelle voulant autrefois faire brûler les lampes avec d'huile de noix, pour faire une moindre dépense, ne purent point les allumer, au grand étonnement de tout le monde; de sorte que depuis ce temps on n'oseroit y mettre d'autre huile que d'olive, à tel prix que se soit.

Venons maintenant aux miracles opérés dans notre siècle, tirés de divers mémoires qui sont dans les archives de cette église.

CHAPITRE XIX.

D'un cas mémorable arrivé dans l'église de Ceignac, l'an 1604.

PARMI les mémoires des miracles opérés par l'invocation de Notre-Dame de Ceignac, il se trouve une grande feuille de papier, écrite de main par un certain Pons, prêtre et vicaire de cette église, dans laquelle

raconte certains miracles opérés de son temps dans Ceignac, pour servir de mémoire à la postérité, desquels je déduirai la teneur, sans m'attacher aux mots qui y sont couchés.

Il assure que, l'an 1604, environ la fête de St. Jean-Baptiste, étant dans la maison presbytérale de Ceignac, accompagné d'un clerc, nommé David Balagué, natif de la ville de Rioupeyroux, âgé de 24 ans, il arriva que la grande cloche de cette église, dressée à bouche en haut et très-bien arrêtée, sonna merveilleusement d'elle-même sur l'heure de minuit, ce qui l'épouvanta tellement qu'il se leva soudain avec son clerc, croyant qu'il

eût des voleurs dans l'église; mais après avoir fait une exacte recherche, il ne s'y trouva personne; le clerc l'ayant assuré

d'ailleurs que la cloche étoit fort bien arrêtée ; cet accident extraordinaire l'obligea de
croire que c'étoit quelque main invisible qui
avoit fait sonner cette cloche pour quelque
grand mystère ; et , pour le connoître plus
sensiblement, il fit à l'instant vœu à l'honneur
de la Sainte-Vierge, de dire neuf messes et
faire neuf jeûnes, afin qu'il plût à la divine
bonté de lui faire connoître par un même
accident si ce son surprenant de cette cloche
marquoit quelque chose de singulier et d'extraordinaire.

Il commença sa neuvaine et les jeûnes
avec une ferme foi que Dieu l'exauceroit
par les mérites de la Vierge, ce qu'il fit de
la même manière qu'il l'avoit souhaité ; le
dernier soir de sa neuvaine, veillant toute la
nuit en prières, attendant ce qui arriveroit,
la même cloche sonna sur les minuit d'elle-
même, de telle façon que toute la paroisse
en fut dans une grande alarme, tout le
monde s'informant le lendemain de la cause
de cet étrange accident ; et n'en voyant point
de naturel, on crut avec raison que c'étoit
un présage que Dieu donnoit miraculeusement de quelque fléau de sa justice venge-
resse qui devoit fondre sur la province ; ce
qui arriva en effet, car, peu de jours après,

Dieu fit pleuvoir si grande quantité de grêle, que tout le diocèse et même les circonvoisins en furent tous ravagés ; cet orage commença depuis Rodez à Moyrases, de Naves et Calmont jusques à Flavin ; et menaçant d'envelopper la paroisse et le lieu de Ceignac. Ce Pons se mit en devoir sur les trois heures après midi de faire une procession, assisté de cinq prêtres, pendant laquelle il commença à tomber, dans le lieu, de la grêle de la grosseur d'une orange ; ce que voyant, il se mit à pleurer à chaudes larmes ; et redoublant la ferveur de ses prières, et continuant ses adjurations contre la tempête en la forme prescrite par l'église, on remarqua que cette grêle, quoique fort grosse, tomba si doucement dans ce lieu et dans la paroisse, qu'elle ne causa aucun dommage aux bleds, quoique pourtant toutes les paroisses circonvoisines et éloignées sur lesquelles cet orage se déchargea, furent entièrement ruinées par les effets de cette grêle : entre autres les environs de Rodez, Moyrases, Ampiac, Luc, Sauveterre, Naves, Calmont, Flavin, St.-Martin, Camboulas, et plusieurs autres furent totalement ravagés, excepté cette paroisse.

Ce qu'ayant été rapporté à messire François de Corneilhan alors évêque de Rodez, il vint à Ceignac, où après avoir ouï la Sainte Messe que ce Pons célébra, il s'informa avec lui de quelles adjurations il se servoit contre la tempête, croyant qu'il l'avoit détournée du lieu de Ceignac par quelques sortiléges, mais s'étant justifié et protesté qu'il ne s'étoit point servi d'autres adjurations que de celles qui étoient marquées dans le Manuel du diocèse, et qu'il croyoit que la paroisse de Ceignac avoit été préservée par une protection spéciale de la Sainte-Vierge, l'évêque lui donna sa bénédiction, l'exhorta de continuer de servir cette église avec le même zèle et la même dévotion qu'il avoit fait auparavant.

Ledit évêque considérant tout ce qui s'étoit passé, pour apaiser la justice de Dieu, et autoriser davantage cette église, ordonna que toutes les paroisses du diocèse iroient cette année-là en procession solennelle à Ceignac, ce qui fut si ponctuellement exécuté, que ce Pons, vicaire, assure, dans son écrit, qu'il reçut du samedi au dimanche suivant quarante-deux processions, où il y pouvoit avoir, comme il rapporte, environ dix mille personnes ; celles de Vilfranche, Rioupeyroux, Sauveterre, Nou-

celle, les religieux de l'abbaye de Bonne-
combe, suivis de beaucoup de peuple ; les
paroisses de Flavin, Moyrases, Valady et
plusieurs autres circonvoisines s'y trouvèrent ensemble.

Il assure encore qu'en ce jour se firent
plusieurs miracles dans cette église ; qu'à
cause des grandes occupations où il se trouva, il lui fut impossible de les mettre en
écrit, hors d'un très-mémorable qui fut
fait en présence de tout le monde.

Ce fut en la personne d'un homme âgé
de quarante ans, qui avoit demeuré cinq
ou six ans entièrement perclus de l'usage de
tous ses membres, ne pouvant se tenir sur
ses pieds qu'à la faveur de deux potences ;
s'étant fait porter en cette église le jour de
ces processions, après avoir ouï la grand'-
messe, qui fut célébrée hors de l'église, dans
un oratoire destiné pour cet effet aux jours
des grands concours de peuple, il se trouva à l'instant délivré de son infirmité, n'a-
yant plus besoin de ses potences, qu'il laissa
dans l'église en mémoire de la grâce qu'il y
avoit reçue, et s'en retourna sur ses pieds,
sans être aidé de personne, avec une grande
admiration de toute l'assemblée, après avoir
rendu grâce à Dieu, et donné témoignage

de ce miracle, que Dieu avoit voulu opérer en sa personne.

C'est le narré que fait ce prêtre des choses mémorables arrivées dans Ceignac, de son temps, et que j'ai tiré fidèlement de son écrit, dont un chacun doit être suffisamment convaincu, n'étant pas croyable que ce prêtre ait voulu laisser par écrit de faux mémoires, à plaisir, pour amuser les esprits de ceux qui les liroient; sa conduite et ses actions ayant été très-bien examinées par ledit seigneur évêque, son supérieur, qui le confirma dans son emploi avec une entière approbation.

CHAPITRE XX.

Suite des miracles opérés par l'invocation de Notre-Dame de Ceignac, l'an 1612 et 1613.

DEMOISELLE Marie d'Hébrard, fille du sieur Hébrard de Caramols, âgée de huit ans, étant atteinte d'une très-grièfve maladie, jugée mortelle par les médecins de la ville de Rodez, qui l'avoient entièrement abandonnée, fut promptement soulagée, dès que ses parens eurent fait vœu d'offrir à la

Ste-Vierge, dans son église de Ceigac, son pesant de cire, ce que sa mère accomplit le sixième de septembre de l'année 1612.

Mademoiselle de Bosignac, de la ville de Rodez, étant atteinte, l'an 1613, d'une violente colique, à l'âge de quatre-vingts ans, dont elle ne pouvoit être guérie à cet âge par les voies de la nature, en fut pourtant délivrée par l'assistance de la Sainte-Vierge, à même temps que monsieur de Bosignac, son fils, pour lors official de monseigneur de Rodez, eût fait vœu de donner à l'église de Ceignac un tableau de l'Assomption de la Sainte-Vierge, si, par les mérites d'icelle, il plaisoit à sa divine bonté lui rendre la santé ; pour cet effet, le sieur de Bosignac vint à Ceignac pour offrir son vœu, en reconnoissance de cette grâce singulière que sa mère avoit reçue ; où, après avoir célébré le saint sacrifice de la Messe, il fit cette déclaration, qu'il signa en présence de plusieurs témoins.

Blaise Blanquet, de la paroisse de Flavin, en ce diocèse, ayant demeuré l'espace de dix-huit mois paralytique de ses jambes, dont il ne pouvoit se servir pour mendier son pain, après s'être servi de tous les remèdes que sa pauvreté lui per-

mettoit , sans en recevoir aucun soulagement , fit vœu d'offrir au bassin du luminaire de Ceignac , la somme de 3 livres ,
qu'il tâcheroit de quêter de porte en porte,
n'ayant de quoi les avoir du sien ; ce vœu
fut tellement agréable à Dieu , qu'il recouvra la santé parfaite , avec l'entier usage de
ses jambes ; en reconnoissance de quoi il
se mit en devoir de quêter les 3 livres qu'il
avoit promis , et vint à Ceignac pour accomplir son vœu , le 25 août 1613.

CHAPITRE XXI.

*Suite des miracles opérés par l'invocation de
Notre-Dame de Ceignac , pendant les
années 1614 , 1618 , 1628 et 1629.*

NOBLE François de Fons , sieur de la
Roquevennat, en ce diocèse , étant écolier
à Rodez , l'an 1614 , fut alité par une flu-
xion au pied , laquelle ayant , durant trois
mois, empiré nonobstant les remèdes , lui
avoit enfin percé en trois ou quatre endroits le gros doigt du pied , et rendu si dif-
forme , qu'il n'espéroit plus s'en servir :
le sieur de Venac, son frère , l'ayant appe-

lé dans sa maison pour le faire soigner par
les plus excellens médecins et chirurgiens
du pays, le fit résoudre à subir ponctuellement leurs ordres ; et jugeant nécessaire
de lui appliquer le cautaire de feu, on le
fit tenir par quatre ou cinq hommes, entre
les bras desquels ce jeune homme fit de si
grands efforts, à cause de l'excessive douleur
qu'il ressentoit, qu'il en fut à l'extrémité ;
tout cela fut en vain, car le mal empiroit
si fort qu'on appréhendoit que le feu ne
s'y mît. On résolut de le lui appliquer une
seconde fois, ce que ce jeune homme appré-
hendant, leur dit : Je ferai ce que vous
voudrez, mais portez-moi plutôt, je vous
prie, aux pieds de cette image de la Vierge,
qui étoit dans la chambre ; où étant, pendant qu'on disposoit toutes choses, regar-
dant l'image, il lui parla en ces termes :
Mère de miséricorde, faites, je vous sup-
plie, que je guérisse sans que le feu ni le
fer touchent mon pied ; je fais vœu d'aller
à votre église de Ceignac, et y faire offrande d'un pied de cire. Il n'eut pas plus tôt
achevé sa prière, qu'il se leva du lit, et passa
la nuit dans les prières, sans aucune douleur. Le lendemain il monta à cheval, et
alla à Ceignac pour accomplir son vœu ; ce

qu'ayant fait, il ne resta à son pied aucune marque ni cicatrice, et vécut en santé dix ou douze ans, toujours dévot à la Sainte Vierge ; et rendit son âme à Dieu un jour de fête de Notre-Dame, après avoir ouï la messe. Ne voilà-t-il pas de grâces singulières que Dieu lui fit par les mérites de la ierge, invoquée sous le nom de Notre-ame de Ceignac.

L'an 1618, un écolier de Rodez se sentant appelé de Dieu pour entrer en religion dans la compagnie de JÉSUS, craignant de n'y pouvoir être reçu à cause d'une difficulté de langue qu'il avoit principalement à prononcer la lettre R, qu'il ne pouvoit exprimer en nulle façon, alla un dimanche du mois de juin à l'église de Ceignac, où ayant confessé et communié, supplia la Sainte-Vierge delui obtenir de Dieu la délivrance de son incommodité ; ce qui lui réussit avec tant de succès, que, trois ou quatre jours après, il s'aperçut qu'il n'avoit plus cette difficulté, ni ne l'eut du depuis, et fut reçu deux ans après en cette sainte compagnie.

Antoinette Cussette, femme à Pierre Gaubert, cordonnier de la ville de Rodez, ayant demeuré privée de la vue l'espace de trois mois, sans la pouvoir recouvrer par aucun remède naturel, fit vœu d'aller en pèlerinage à l'église de Ceignac, et d'y apporter un cierge de trois livres pour la délivrance de son infirmité ; elle n'eut pas plus tôt fait le vœu, qu'elle commença d'y voir, et recouvra tout-à-fait la vue ; en reconnoissance de quoi elle vint accomplir son vœu dans l'église de Ceignac, le 18 juin 1628.

La ville d'Albi se trouvant, l'an 1628, environnée de toutes parts de contagion, et dans un danger évident d'en être infectée, y ayant eu quantité de pestiférés des environs qui y entrèrent, l'un desquels communiqua son mal à toute sa famille ; tous les habitans, voyant qu'ils ne pouvoient éviter ce danger évident, firent vœu d'aller en corps à l'église de Ceignac, s'il plaisoit à Dieu de détourner ce fléau dont ils étoient menacés ; leur vœu fut heureusement exaucé, la contagion n'ayant eu aucune suite ; en reconnoissance de quoi ils vinrent en procession solennelle à Ceignac, où après avoir accompli leur vœu, messieurs du clergé et messieurs les consuls attestèrent tout ce-dessus, le 26 mars 1629.

Monsieur de Sennensa, seigneur de grande considération dans le diocèse, étant abattu d'une fièvre quarte qui le travailloit depuis

huit mois, vint à Ceignac pour obtenir de
Dieu sa guérison, après avoir employé tous
les remèdes possibles sans être soulagé ; ayant
fait chanter une messe propre pour les infir-
mes, où se lit l'évangile de la belle-mère de
Saint Pierre fébricitante, et fait ses prières,
il se trouva le même jour parfaitement guéri.

CHAPITRE XXII.

*Suite des miracles opérés par l'invocation dé
Notre-Dame de Ceignac, pendant les
années 1634, 1635 et 1636.*

UN habitant de la ville de Rodez, étant
jeune écolier en l'an 1634, fut prié par un
de ses amis de porter dans l'église de Ceignac
de l'argent pour faire dire une messe à l'honneur de la Sainte-Vierge, duquel il retint
une partie pour prendre quelque petite réfec-
tiou, remettant le reste à un prêtre de cette
église ; chose étonnante, il ne fut pas plus tôt
sorti du lieu de Ceignac, qu'il devint sourd,
et demeura en cet état l'espace d'un mois
entier ; faisant réflexion sur les causes de
cette incommodité, il crut que Dieu l'avoit
sans doute puni pour avoir retenu cette
partie d'argent qu'il devoit porter à Cei-

gnac ; et se repentant de sa faute, il alla se confesser sur l'heure ; dès qu'il eut achevé sa confession, de suite il recouvra l'ouïe.

Antoine Douziech, tailleur, du lieu de Boasoul, en ce diocèse, ayant un fils âgé de trois ou quatre ans tellement incommodé de ses jambes, qu'il ne pouvoit en aucune façon s'en servir, fit vœu de le porter à l'église de Ceignac ; ce qu'il fit le 8 septembre 1635. Etant proche d'un des oratoires du lieu, invitant cet enfant à cheminer, il alla soudain vers l'église sur ses pieds, sans aucune assistance, où il recouvra sa parfaite santé.

Le même jour, le sieur de Lenguinhac, gentilhomme du lieu de Compeyre, en ce diocèse, fit porter à Ceignac un petit enfant, qu'il avoit recommandé à Dieu dans une maladie que les médecins avoient jugée mortelle, faisant dire la messe pour reconnoissance de sa guérison ; le prêtre étant à l'élévation, l'enfant, qui ne savoit pas encore parler, prononça distinctement le nom de JESUS, comme voulant reconnoître celui qui l'avoit sauvé du danger évident de mort où il avoit été.

Le 27 mai 1636, M. Eleu, chevalier et chanoine de Mende, ayant été attaqué d'une très-dangereuse maladie, fit vœu d'aller en pèlerinage à Ceignac ; à la suite duquel il fut soudainement guéri, et vint quinze jours après à Ceignac pour accomplir son vœu.

Jeanne de Fonvielhe, du lieu et paroisse de Falguières, proche de Ledergues, en ce diocèse, devint aveugle par la petite vérole, dans le berceau, ne se souvenant point d'y avoir jamais vu ; le 30e an de son âge, entendant parler des miracles qui se faisoient tous les jours par l'invocation de Notre-Dame de Ceignac, elle fit vœu de s'y faire conduire, pour obtenir de Dieu la grâce de voir pour le moins la clarté (c'étoient ses termes) ; entrant dans l'église, elle vit d'abord la lumière des lampes et des cierges de l'autel, avec la clarté du jour, qu'elle vit toujours du depuis, sans distinguer pourtant les objets ; elle dit que Notre-Dame lui avoit accordé tout ce qu'elle lui avoit demandé, et croyoit qu'elle eût plus obtenu si elle eût demandé le recouvrement de l'usage parfait de la vue. Ce fut le second dimanche de novembre 1636.

CHAPITRE XXIII.

Suite des miracles opérés par l'invocation de Notre-Dame de Ceignac, pendant les années 1637 et 1645.

JEAN Cadilhac, du lieu de la Cavalerie, aux limites du Rouergue et Languedoc, ayant une jeune fille de l'âge de quatorze ans, grandement tourmentée pendant l'espace de huit mois d'un esprit fantastique qui la frappoit à la joue sensiblement, en présence de son père et de sa mère, qui entendoient les coups et la voyoient pleurer, sans apercevoir la main qui la frappoit ; ne pouvant trouver aucun moyen de faire délivrer leur fille de cette peine, eurent recours à Dieu, et firent vœu d'aller à Ceignac, et d'y faire dire deux messes à l'honneur de la Vierge, et d'y apporter deux livres de cire ; ce qu'ils firent, et leur fille fut entièrement délivrée de ces troubles et douleurs que cet esprit lui causoit ; en reconnoissance de laquelle grâce son père alla accomplir son vœu le 27 du mois de mai 1637.

L'an 1645, un gentilhomme de ce diocèse s'étant trouvé à l'armée frappé dangereusement d'un coup de balle de mousquet sous l'aisselle, que les chirurgiens ne purent jamais tirer, fit vœu d'aller à Ceignac, d'y donner quelques aumônes, et y laisser la balle attachée à une chaîne d'argent, si, par la faveur de la Vierge, elle pouvoit sortir de son bras et être remis en santé; dès qu'il eut fait son vœu, la balle sortit d'elle-même sans aucune douleur; et étant tout-à-fait remis, partit dans peu de jours de l'armée pour aller accomplir son vœu, et y laissa ladite balle, où elle se voit encore de la grosseur d'une noix.

CHAPITRE XXIV.

De quelques miracles récens opérés par l'invocation de Notre-Dame de Ceignac.

GUILLAUME Barrau, tisserand, et Catherine Blanquette, mariés, habitans du lieu de Calmont, au voisinage de Ceignac, avoient une fille âgée de trois ans, privée de l'usage de ses jambes, dont elle ne pouvoit se tenir, ayant les reins coupés par une chute, ne pouvant lui procurer aucun soulagement dans son incommodité, qui lui dura toute une année, la portèrent à Ceignac pour implorer de la divine bonté la guérison d'icelle, par les intercessions de la Sainte-Vierge ; le second dimanche après la fête de l'Assomption de l'an 1652, où, après avoir fait célébrer la Sainte Messe pour cette fin, d'abord qu'elle fut achevée, cette fille commença de se tenir sur ses pieds ; ce qu'elle n'avoit plus fait depuis sa chute, et sortit de l'église sans être aidée de ses parens, au grand étonnement de tous ceux qui virent cette merveille, n'ayant du depuis ressenti aucune douleur de reins, ni difficulté de marcher.

Jean Brossi, natif de Villecontal, en ce diocèse, âgé d'environ 22 ans, fut atteint, sur la fin du mois de février 1657, dans le lieu de Montrousié, d'une très-grièvre maladie, qui l'avoit réduit en un état à ne pouvoir plus espérer de vivre, dans le sentiment même du médecin qui le traitoit, qui en a donné ce témoignage, assurant qu'il n'avoit jamais soigné des malades dont les convulsions fussent si violentes que celles-là ; en sorte qu'il falloit le faire tenir par quatre hommes, dont la force se trouvoit surmontée par la violence de son mal. Ce malade se voyant dans quelque relâche de ses convulsions et de frénésie, qui le reprenoit

assez souvent, fit vœu d'aller à Ceignac ,
pour obtenir plus facilement sa guérison ,
qu'il obtint. Dans quelques jours après, se
trouvant parfaitement guéri , mais négligeant
d'aller accomplir son vœu, Dieu, qui est
extrêmement jaloux des promesses qu'on lui
fait, nous avertissant, par la bouche du
sage, qu'il vaut mieux n'en faire point que
de négliger de les accomplir après les avoir
faites ; Dieu, dis-je, permit que ce malade,
guéri à la suite de son vœu, retombât dans
la même maladie sans aucun nouvel excès,
et fût atteint de douleurs beaucoup plus
grandes qu'en sa première maladie ; reconnoissant visiblement que c'étoit une punition
de son ingratitude envers Dieu, et le mépris
de son vœu, il fut saisi des sentimens d'un
grand repentir ; et, dans le grand effort de
son mal, se trouvant libre de son esprit, fit
un nouveau vœu d'aller à Ceignac dans le
premier relâche de ses convulsions, sans
attendre même une parfaite guérison. Dieu
se laissa fléchir au repentir de ce malade et
à sa nouvelle résolution, et le délivra soudain de ses douleurs après son second vœu ;
et, pour ne pas tomber dans une seconde
faute, il se mit en devoir d'accomplir son
vœu sans attendre une parfaite santé ; et

quoiqu'il fût encore tout abattu de langueur et de foiblesse que ces convulsions lui avoient causée, il demanda ses habits, desquels s'étant revêtu, se leva du lit contre le sentiment de ceux qui le servoient; et, montant à cheval contre toute apparence, prit le chemin de Ceignac, accompagné d'un homme, où il arriva le même jour, 13 mars de la même année, sans que ses convulsions le reprissent aucunement; où, après avoir accompli son vœu, il fut guéri des foiblesses que ses convulsions lui avoient laissées, jouissant d'une santé aussi parfaite qu'il eut jamais; de quoi il fit sa déclaration, en témoignage de cette grâce singulière qu'il avoit reçue de Dieu, par la faveur de la Sainte-Vierge, invoquée sous le nom de Notre-Dame de Ceignac, et pour faire connoître à tout le monde, par son exemple, combien il importe de s'acquitter promptement des vœux qu'on a faits à Dieu, qui exauce avec autant de bénignité ceux qui l'invoquent dans leurs nécessités, qu'il punit avec sévérité ceux qui négligent de lui rendre les devoirs d'une juste reconnoissance des grâces qu'ils ont une fois reçues.

FIN DE L'HISTOIRE DE L'ÉGLISE DE NOTRE-DAME DE CEIGNAC.

TRAITÉ

DES PÈLERINAGES,

Avec la manière de les faire saintement.

COMME l'église de Ceignac , dont nous avons écrit l'histoire , est fréquemment visitée par un grand nombre de fidèles qui y viennent en pèlerinage , pour accomplir leurs vœux et rendre leurs devoirs à la Sainte - Vierge , j'ai cru qu'il ne seroit pas hors de propos d'y ajouter ce petit traité des pèlerinages , afin que ceux qui, ne se contentant pas de savoir les merveilles de cette église , voudront encore l'honorer de leur visite , s'y portent d'une manière toute sainte , qui puisse leur profiter pour le bien de leurs âmes ; je les exhorte donc de lire ce petit traité , que je divise en six chapitres.

Dans le premier, je fais voir que les pèlerinages aux lieux saints sont agréables à Dieu, et par conséquent méritoires.

Dans le second, je fais voir les biens spirituels qu'on en reçoit.

Dans le troisième, je réponds à ce qu'on peut dire contre les pèlerinages.

Dans le quatrième, je montre les abus qu'il faut éviter dans les pèlerinages.

Dans le cinquième, je déduis les conditions requises aux véritables pèlerinages.

Et dans le sixième, je donne certains avis pour se comporter après les avoir accomplis.

CHAPITRE Ier.

Que les Pèlerinages aux lieux saints sont agréables à Dieu, et par conséquent méritoires.

C'EST une vérité catholique que la tradition nous enseigne, appuyée sur la Sainte Écriture, sur les conciles, sur les SS. Pères, et sur la raison, et qui a toujours été dans l'approbation de tous les fidèles, tant de l'Ancien que du Nouveau Testament, que les pèlerinages aux lieux saints sont des œuvres méritoires.

En premier lieu , nous trouvons que les pèlerinages sont approuvés et loués dans la Sainte Écriture comme des œuvres très-saintes.

Ainsi nous voyons que le dévot Elcana est extrêmement loué dans le premier livre des Rois pour les fréquens pèlerinages qu'il faisoit en Silo , pour offrir ses vœux et ses sacrifices à Dieu.

Les anciens fidèles de la Judée alloient tous les ans en pèlerinage en Jérusalem , pour visiter le temple de Dieu , et y rendre leurs hommages à sa divine majesté ; ce que les parens de Jésus-Christ pratiquoient exactement , comme remarque l'Evangile , où il est dit que ses parens alloient tous les ans dans Jérusalem au jour solennel de Pâques.

Jésus-Christ même , qui y avoit été conduit par ses parens en diverses fois dans son enfance , y alloit souvent avec ses disciples pour y offrir à son père éternel les devoirs de sa religion ; et, pour témoigner qu'il étoit exact observateur de cette sainte pratique , il voulut paroître à ses disciples le jour de sa résurrection en forme de pèlerin , car c'est dans cette posture que ses disciples le virent , sans le reconnoître pourtant pour leur maître.

lorsqu'ils lui dirent : êtes vous le seul pèlerin qui êtes venu pendant ces fêtes passées à Jérusalem, qui ne savez pas ce qui s'y est passé en la personne de Jésus de Nazareth?

C'est dans ce même sentiment de dévotion que St. Paul témoignoit autrefois d'avoir un extrême désir d'aller à Jérusalem pour y passer la fête de Pentecôte avec plus de solennité, comme il est remarqué dans l'histoire de sa mission.

Et la même histoire des Actes des apôtres remarque que ce puissant trésorier de la reine d'Ethiopie étoit venu en pèlerinage dans la ville de Jérusalem pour y adorer le vrai Dieu, lorsque Saint Philippe, diacre, vint au-devant de lui pour le baptiser à son retour de Jérusalem.

Secondement, les sacrés conciles nous enseignent la même vérité ; celui de Châlons, tenu sous l'empereur Charlemagne, au canon 45, dit ouvertement que la dévotion de ceux qui visitent par pénitence les églises des apôtres ou les autres lieux saints, est digne d'approbation et de louange.

Et le concile de Trente rend le même témoignage que le précédent, en la cession 25, disant que ceux-là doivent être justement condamnés par l'Eglise qui disent que c'est

7

en vain qu'on fréquente les lieux destinés au culte particulier des Saints pour implorer leur secours.

Troisièmement, les Saints-Pères louent fort ceux qui font des pèlerinages par dévotion et par exercice de pénitence ; le pape Nicolas Ier, dans l'épitre qu'il fit à l'empereur Michel, témoigne l'extrême consolation qu'il avoit de voir tous les jours des milliers de personnes qui venoient de toutes parts à Rome en pèlerinage, pour visiter les églises des Saints apôtres.

Simon Métaphaste, et les autres historiens sacrés, remarquent que St. Alexis alla en pèlerinage par toutes les plus illustres églises de la chrétienté ; et, dans l'histoire de Saint Jérôme, il est écrit qu'il visita tous les plus saints lieux de la Palestine, pour y adorer les vestiges de Jésus-Christ ; et le même Saint, écrivant à *Desiderius*, l'exhorte de venir visiter les saints lieux, lui disant entre autres choses, que c'est une partie de la foi d'avoir adoré les sacrés vestiges de Jésus-Christ ; et c'est ce qu'on remarque de beaucoup d'autres Saints, qui ont eu cet exercice en singulière recommandation. Ajoutons la raison à ces beaux témoignages pour justifier le mérite et la sainteté des pèlerinages, et disons que nous pouvons d'honorer Dieu en tout ce qui le regarde, principalement en ses Saints, comme dit le prophète (Louez le Seigneur en ses Saints) ; ainsi nous faisons une œuvre agréable à sa divine majesté, lorsque nous visitons quelque saint lieu qui lui est particulièrement consacré, ou que nous allons en pèlerinage en quelque église dédiée à la Sainte-Vierge, ou à quelques autres Saints, pourvu que ce soit avec les conditions requises aux vrais pèlerinages, et alors cette pratique est extrêmement agréable à Dieu, et par conséquent méritoire.

CHAPITRE II.

Des biens spirituels qu'on reçoit des pèlerinages.

La bonté ou la malice de nos actions se prend, dit le philosophe, de la fin qu'on se propose ; en sorte que si nous avons une fin sainte et honnête, nos actions ne peuvent être que louables ; et ainsi si nous faisons des pèlerinages aux lieux saints par des saints motifs et d'intentions bien pures, ils ne sauroient être qu'utiles et salutaires. Les biens spirituels qu'on en peut recevoir se réduisent à trois, comme remarque fort bien le cardinal Bellarmin : le premier est qu'on rend par cette action un grand honneur à Dieu et à ses Saints ; car c'est un témoignage évident qu'on a en singulière vénération les temples et les lieux qui sont spécialement consacrés à sa divine majesté et à ses Saints, puisqu'on entreprend ce laborieux exercice, et qu'on s'expose aux dangers qu'il y a dans les voyages qu'on fait pour ce motif, dont Dieu ne peut être qu'honoré ; et qu'ainsi ce sont des œuvres très-salutaires, qui attirent beaucoup de grâces, et de grandes bénédictions sur ceux qui les font pour des saints motifs.

Le second bien qu'on en reçoit, est la rémission d'une partie des peines que nous devons souffrir pour satisfaire à la justice divine pour nos péchés. Comme c'est une œuvre extrêmement pénible, on satisfait à une bonne partie des peines temporelles qui nous restent à expier pour les péchés qui nous sont déjà remis quant à la coulpe ; que si nous sommes encore dans l'état du péché mortel, cette peine qu'on prend dans les pèlerinages peut être une disposition pour obtenir avec plus de facilité la grâce sanctifiante, et qu'ainsi les pèlerinages portent des grands fruits à ceux qui les font dévotement.

Le troisième bien qu'on en reçoit, est l'augmentation de la dévotion ; on ne sauroit croire combien les lieux des pèlerinages inspirent du respect et de vénération à ceux qui les visitent ; leur dévotion en est beaucoup plus excitée par les choses particulières qui se voient, que dans les églises qu'ils fréquentent tous les jours, outre que, comme nous avons vu ci-devant, Dieu donne souvent des grâces spéciales dans ces lieux de dévotion, qu'il n'accorde point en d'autres ; et ainsi on en retire plus de consolations qu'on n'en a reçu dans les églises qu'on est accoutumé de fréquenter.

CHAPITRE III.

Réponse à ce qu'on peut dire contre les Pèlerinages.

CEUX qui n'aiment point ces œuvres de dévotion, disent en premier lieu, qu'il est inutile de faire des pèlerinages, puisqu'on rend ses devoirs à Dieu en tous les lieux

7*

qu'on habite, n'y en ayant point aucun qu'il ne remplisse par son immensité, et que l'on trouve partout des moyens pour recevoir ses grâces, comme les sacremens et les autres secours nécessaires pour se sauver.

Nous avons par avance satisfait à cela, en disant que, bien que l'on puisse servir Dieu en tous les lieux de sa domination, qui n'a point de bornes, neanmoins, on trouve souvent dans les lieux de pèlerinage des consolations particulières qu'on ne reçoit point ailleurs, ce qui fait qu'on s'y porte avec tant de soin, nonobstant qu'on ait chez soi de quoi satisfaire à sa dévotion, et quelquefois davantage.

Secondement, on dit que les pèlerinages donnent souvent occasion à beaucoup de dissipations d'esprit, même à des péchés, à cause d'une infinité de mauvaises rencontres qu'il y a dans les voyages, principalement lorsqu'ils sont longs.

Mais on peut opposer à ces raisons apparentes, qu'il est véritable que ceux qui ne vont point en pèlerinage par des saints motifs et des pures intentions, sont sujets à beaucoup de dissipation d'esprit, que la curiosité qui les conduit leur fait naître ; mais, lorsqu'on n'a d'autre motif que d'honorer Dieu et ses Saints, tant s'en faut que l'on ressente de diminution de ferveur d'esprit, au contraire elle s'augmente beaucoup davantage.

Troisièmement, on dit que les pèlerinages détournent la dévotion des paroisses auxquelles on a plus d'obligation d'assister que de visiter les églises particulières de dévotion.

Je réponds à cela, que, quoiqu'on doive se rendre assidu à l'église paroissiale du lieu de son domicile, on n'est pourtant pas si fort obligé d'y rendre toujours ses devoirs, qu'on ne soit souvent dispensé d'aller ailleurs pour diverses raisons, comme il paroît par les bulles des SS. Pères qui en donnent la permission ; de sorte que, pourvu qu'on soit pour l'ordinaire assidu dans sa paroisse, on peut sans manquer à son devoir aller quelquefois, même les jours de fêtes, en d'autres églises où il y a plus de dévotion.

Enfin on peut opposer le commun proverbe, qui dit que ceux qui font souvent des pèlerinages se sanctifient rarement.

Il y a deux réponses à faire là-dessus ; la première est que, quoique les pèlerinages soient des œuvres saintes et méritoires, com-

me nous avons vu ci-devant , néanmoins,
s'ils sont faits sans discrétion, ils peuvent
dégénérer en vice ; les plus excellentes vertus sont très-souvent défectueuses si elles
ne sont exercées par la règle de la discrétion : comme dit fort bien Saint Bernard ,
ôtez la discrétion , la vertu deviendra vice.
Ainsi donc les pèlerinages indiscrets appor-
tent plus de dommage à ceux qui les font de
cette sorte, que de sanctification.

La seconde réponse est que, quoiqu'il y
ait des personnes qui puissent , à raison de
leur état, faire de fréquens pèlerinages, comme on lit de beaucoup de Saints, qui pas-
soient une partie de leur vie vaquant à ce
saint exercice, si néanmoins ils n'y vont
point avec les précautions requises , ils tombent en beaucoup de désordres et d'abus
très-dommageables , et c'est pour lors qu'il
est véritable de dire que ceux qui font
souvent des pèlerinages se sanctifient rarement.

Mais ceux qui tâchent d'éviter les abus
qui se glisssent dans ce saint exercice, s'y
peuvent beaucoup sanctifier, et, pour cet effet , il est nécessaire de voir les abus qu'il
faut éviter dans ces rencontres, pour rendre
les pèlerinages utiles et salutaires.

CHAPITRE IV.

Des abus qu'il faut éviter dans les pèlerinages.

COMME il n'y a rien de si saint qui ne puisse être profané par le mauvais usage, de même les pèlerinages peuvent devenir vicieux par les abus qui s'y peuvent glisser, entre lesquels j'en remarque quatre fort considérables, dont je dirai un mot de chacun, pour avertir les pèlerins de ce qu'ils doivent éviter, s'ils veulent rendre leurs pèlerinages salutaires.

Le premier est l'indiscrétion où tombent en premier lieu plusieurs artisans mariés, lesquels, par une dévotion déréglée, entreprennent de longs voyages, comme à Lorette, à Saint-Jacques et semblables, au préjudice de leur famille, laquelle ne subsistant pour l'ordinaire que de leur travail, est souvent exposée à la mendicité et à beaucoup d'autres désordres par leur trop longue absence ; et tant s'en faut que leurs pèlerinages soient agréables à Dieu, je dis qu'il en est comme de la prière du pécheur obstiné, qui lui est imputée à péché, au dire du prophète : ces pèlerinages ne peuvent être faits de cette manière sans péché, pour l'ordinaire dans les suppositions que nous avons faites ; et partant il est tout-à-fait nécessaire d'éviter cet abus, qui traîne après soi de notables inconvéniens. Il y en d'autres, lesquels, sous prétexte de se porter en quelque lieu de dévotion, ne feront point scrupule de manquer d'assister à la Sainte Messe les jours de fête pendant leur voyage, qui est un abus insupportable, comme s'il étoit permis de quitter les œuvres d'obligation pour celles de surérogation.

Demême, il y en a d'autres qui, sous prétexte d'un plus grand honneur de Dieu, font des pèlerinages avec beaucoup plus de dépense que leur condition ni leur état ne peut supporter, d'où vient que leur famille en souffre par cette dévotion indiscrette ; ils sont semblables à ces Pharisiens que Notre Seigneur reprend dans l'Evangile, qui, sous prétexte des vœux et des offrandes qu'ils faisoient à Dieu, privoient leurs parens de l'assistance qu'ils leurs devoient ; leur disant, pour couvrir leur hypocrisie, que les présens qu'ils faisoient à Dieu leur apporteroient beaucoup plus d'utilité ; c'est pourquoi le fils de Dieu leur reproche leur injustice, manquant à rendre à leurs parens ce qu'ils devoient, pour satisfaire à leur fausse dévotion.

Il faut donc apporter de la discrétion dans les pèlerinages, qu'il ne faut pas entreprendre légèrement, sans voir si on peut subvenir aux dépenses qu'il convient de faire, sans incommoder sa maison.

Le second abus qu'il faut éviter dans les pèlerinages, est la curiosité, qui est un défaut d'autant plus subtil qu'il est couvert de prétexte de piété, dans lequel plusieurs personnes, même dévotes, tombent facilement, allant plutôt aux lieux saints par le désir d'y contenter leurs esprits, que par un véritable désir de leur satisfaction; pourvu qu'ils puissent voir les raretés de ces églises qu'ils vont visiter, ou savoir leur institution et les miracles qui s'y font, pour en discourir dans les compagnies, ils croient avoir fait beaucoup, ne se mettant pas fort en peine d'y laisser leurs mauvaises affections par une véritable pénitence, d'où vient qu'ils s'en retournent aussi vides de dévotion et de grâce comme ils y sont allés.

Ce n'est pas que je blâme la sainte curiosité de ceux qui, après avoir adoré Dieu

en esprit et en vérité , comme ils désirent ,
sont bien aises de remarquer les merveilles
de ces églises de dévotion , pour en rendre
plus d'honneur à Dieu : en cela je n'y remarque aucun vice ; mais lorsqu'on n'y va principalement que par le désir de voir ces lieux
sacrés , sans y apporter de véritables dispositions pour s'y enflammer dans l'amour de
Dieu , c'est en cela qu'il y a de l'abus, qu'il
faut éviter comme ruinant tout le mérite
de ce saint exercice.

Le troisième abus qu'il faut éviter dans
les pèlerinages, est le libertinage , qui se
glisse très-souvent parmi les jeunes gens ,
principalement lorsqu'ils y vont dans la
compagnie des personnes de divers sexe ,
d'où naissent souvent beaucoup de désordres et de dissolutions ; alors ces pèlerinages
ne sont aucunement dignes d'approbation ,
mais de blâme , et sont par conséquent évi-
tables , quelque prétexte de dévotion qu'on
ait , et quelques saintes intentions qu'on se
figure.

Enfin , le quatrième abus qu'on doit éviter
dans les pèlerinages , est le défaut d'amendement de ses mauvaises habitudes , dans
lesquelles plusieurs pécheurs s'entretiennent
à la faveur des pèlerinages , évitant de dé-

couvrir leurs consciences à des confesseurs stables et ordinaires , et qui connoîtroient mieux l'état de leurs âmes pour y apporter des remèdes plus efficaces et continuels, pour aller confesser comme en passant leurs péchés d'habitude à des prêtres exposés dans les lieux de dévotion , en quoi il y a de grands abus , non-seulement du côté de ces faux pénitens , mais encore du côté des confesseurs exposés dans ces lieux de dévotion , lesquels, sous prétexte d'entretenir la dévotion de leurs églises , reçoivent indifféremment toute sorte de pèlerins , dans quelque état qu'ils soient , n'apréhendant point la malédiction dont Dieu les menace par son prophète, mettant, par leurs lâches condescendances et intérêts particuliers, des coussins et des oreillers sous le bras et la tête des pécheurs, pour les faire reposer plus doucement dans leur mauvais état.

Ce sont les principaux abus qui se peuvent commettre dans les pèlerinages, qu'il faut soigneusement éviter, comme des piéges de Satan , qui fait tous ces efforts pour rendre ces travaux vides des fruits salutaires qu'on y doit rechercher.

Mais ce n'est pas assez d'avoir découvert les abus qui se commettent dans les pèlerinages, il faut voir maintenant de quelle manière ils doivent être faits, et les conditions nécessaires pour les rendre saints et méritoires.

CHAPITRE V.

Des Conditions requises aux vrais pèlerinages.

L'APOTRE St. Paul nous recommande de diriger toutes nos actions naturelles et indifférentes à la gloire de Dieu : si vous mangez ou buvez, dit-il, ou faites quelque autre chose, faites le tout à la gloire de Dieu. Combien à plus forte raison devons nous faire pour ce motif celles qui tendent direcrement au culte et à la religion que nous devons à sa souveraineté ; et comme les pèlerinages sont des actions qui regardent directement son culte et l'honneur de ses Saints, nous devons les entreprendre avec des intentions très-pures et des motifs très-saints, qui est la première condition requise aux vrais pèlerinages.

Il faut donc en premier lieu les offrir à Dieu, avec protestation de les faire, premièrement pour sa plus grande gloire, secondement pour l'honneur de la Sainte-Vierge, ou des Saints dont on va visiter les églises, troisièmement pour s'avancer dans la dévotion et la pratique des vertus, quatrièmement pour la pénitence de ses péchés et satisfaction à sa justice divine, cinquièmement pour l'édification de son prochain, sixièmement pour obtenir de Dieu quelque grâce singulière par les mérites de la Sainte-Vierge et des Saints, ou pour reconnoissance de celles qu'on a déjà reçues, renonçant à tout autre intérêt ou considération temporelle ; si on les entreprend par l'un de ces motifs, ou tous ensemble, nos pas n'en pourront être qu'éclairés et bénis de Dieu, puisque l'intention en est très-simple et pure ; c'est l'assurance que nous en a donnée le fils de Dieu, lorsqu'il dit que si notre œil, c'est-à-dire notre intention, est simple et séparée de tout intérêt bas et terrestre, qui en offusque tout le mérite, tout le corps, c'est-à-dire toutes nos actions seront tout-à-fait lumineuses.

C'est à la faveur de cette lumière qu'il faut se mettre en chemin, après avoir demandé la bénédiction à Dieu, et imploré le secours et l'aide de l'ange Rapaël, qui est le guide et protecteur des pèlerins, et de son ange gardien , les suppliant d'offrir notre pèlerinage à Dieu , de porter nos prières à sa majesté divine , et de nous défendre de tous les dangers de l'âme et du corps , s'opposant à la puissance du malin esprit , qui tâche , par tous les moyens , de détourner nos voies du salut auquel nous prétendons.

La seconde chose qu'il faut observer dans les pèlerinages , est le recueillement intérieur pendant le voyage , se gardant des pensées vaines et dangereuses , et des discours inutiles, qui ne servent qu'à dissiper le cœur , tenant son esprit élevé de temps en temps à Dieu , par la méditation des choses saintes , par des oraisons jaculatoires , ou bien par la récitation de l'office divin ou de la Vierge , du chapelet , ou par la lecture de quelque chapitre d'un livre de dévotion ; quelquefois , pour délasser son esprit et tempérer les travaux du chemin , chantant quelques hymnes ou psaumes , ou chansons spirituelles , suivant l'exhortation de l'apôtre St. Paul: Entretenez-vous, dit-il , chantant des hymnes et des psaumes , et autres chants spirituels et dévots ; c'est le moyen de tenir son cœur dans l'ardeur de la dévotion , s'entretenant avec

Jésus-Christ , comme ces disciples d'Emmaüs dont parle l'Évangile, desquels le cœur étoit extrêmement enflammé de l'amour de Dieu lorsque Notre Seigneur leur parloit en chemin.

C'est le moyen de détourner les tentations du mauvais esprit, et de se trouver allégé des difficultés et des travaux du voyage.

La troisième chose qu'il faut observer dans les pèlerinages, est la modestie dans les hôtelleries où l'on est obligé de se retirer, s'y comportant dans la bienséance requise à un vrai pèlerin, fuyant les mauvaises compagnies, les mauvais discours et toute dissolution , se hâtant d'en être dehors pour éviter les mauvaises rencontres qui arrivent pour l'ordinaire dans les cabarets, imitant pour cet effet les anciens pèlerins du peuple d'Israël, lesquels, devant sortir de la terre d'Égypte, eurent commandement de la part de Dieu de manger l'agneau pascal en posture de pèlerins, ceints et chaussés, tenant leurs bâtons en main, mangeant à la hâte leur agneau, comme étant sur le point de déloger.

Que si quelquefois on est obligé de s'y arrêter, comme pour y coucher, ou pour quelque autre rencontre, il faut se garder d'y faire la moindre action qui puisse donner du scandale, évitant les mauvais discours et le libertinage ; et afin de passer en bienfaisant, comme faisoit le fils de Dieu, il faut prendre toutes les occasions que la divine Providence nous fera naître pour pratiquer les œuvres de charité à l'égard du prochain, soit par les aumônes ou le service des malades, soit par l'instruction des ignorans qu'on rencontre assez souvent à la campagne, leur enseignant familièrement les principes de la foi, et les autres choses nécessaires à leur salut ; par ce moyen on empêchera les désordres qui se commettent souvent dans les logis, et l'on y procurera le bien et le salut du prochain.

Enfin, la quatrième condition des vrais pèlerinages est la dévotion dans les églises qu'on visite, où étant entré après avoir salué le Saint-Sacrement et la Sainte-Vierge, les anges tutélaires et les Saints patrons de ces églises :

Il faut premièrement remercier Dieu de la grâce qu'il a daigné nous faire d'arriver au terme de notre pèlerinage.

Secondement, lui offrir tous les devoirs de religion qu'on prétend lui rendre dans ces églises.

Troisièmement, lui demander la grâce de bien s'en acquitter.

Quatrièmement, se disposer à faire une bonne confession et communion.

Cinquièmement, accomplir ses vœux si on en a faits.

Sixièmement, s'occuper avec ardeur aux louanges de Dieu, sans s'amuser trop à regarder curieusement les choses particulières qu'on y remarque, entrant dans les sentimens de dévotion du prophète royal, qui chantoit affectueusement les louanges de Dieu dans le lieu de son pèlerinage, comme il dit lui-même.

C'est la manière avec laquelle il faut faire les pèlerinages. Voyons maintenant qu'est-ce qu'il faut faire après les avoir accomplis.

CHAPITRE VI.

Ce qu'il faut faire après l'accomplissement des pèlerinages.

C'EST avec grande raison que les maîtres de la vie spirituelle recommandent de veiller sur soi-même après l'exécution de quelque bonne œuvre, d'autant qu'il arrive souvent que la complaisance ou la vaine joie, le trop grand relâche ou le défaut de recueillement en font perdre tout le mérite, d'où vient que quelques-uns assurent qu'il ne faut pas moins de dispositions pour conserver la grâce que pour la recevoir, puisqu'on voit par expérience qu'on la perd très-facilement par le défaut de cette vigilance nécessaire.

C'est ce qui m'oblige à donner certains avis aux pèlerins qui voudront conserver les grâces et les bénédictions qu'ils auront re-çues dans leurs pèlerinages, afin que leurs travaux ne soient pas inutiles et vains ; car il y en a plusieurs qui, après avoir employé beaucoup de soin et de peine pour se porter dans quelque lieu de dévotion, perdent par leur imprudence tous les biens spirituels qu'il en ont recueillis.

Pour ne pas tomber dans ce malheur, il est premièrement nécessaire de s'en retour-ner du lieu de son pèlerinage avec les mêmes dispositions qu'on y est allé, que nous avons déduit ci-devant, parlant des condi-tions nécessaires aux vrais pèlerinages ; et non-seulement cela, mais encore s'en re-tourner par une autre voie qu'on y est allé, comme ces illustre pèlerins d'Orient qui allèrent en Judée pour visiter Jesus Christ, né dans l'étable de Bethléem, prirent une

autre voie dans leur retour, suivant l'avertis-
sement qu'ils en eurent : c'est-à-dire, dans
l'explication morale de quelques SS.-Pères,
qu'ils s'en retournèrent plus dévots, plus
fervens et plus enflammés dans l'amour de
Dieu qu'ils n'y étoient allés.

De même les vrais pèlerins doivent avoir
dans leur cœur, au retour de leurs pèlerinages, des sentimens de piété plus fervens
qu'ils n'avoient auparavant ; c'est par là
qu'ils connoîtront les fruits de leurs travaux, et qu'ils les goûteront avec consolation.

Secondement, il est nécessaire de se souvenir des particulières résolutions qu'on a
faites dans ces saints lieux, pour les mettre
en exécution dans les rencontres ; car, que
sert-il d'avoir pratiqué dans ces églises les
plus belles œuvres de piété, si on retombe
d'abord dans les mêmes imperfections, si
ce n'est pour recevoir une plus sévère con-
damnation ? et ainsi il est tout-à-fait impor-
tant de se souvenir de ce qu'on a promis
à Dieu, pour lui être désormais plus fidèle.

Troisièmement, comme les mages au retour de leur pèlerinage rendoient partout
des illustres témoignages de Jésus-Christ,
dont ils magnifioient les merveilles, et tâ-

choient par tous les moyens de communiquer aux autres les célestes lumières dont
Dieu les avoit prévenus, de même il faut
que les vrais pèlerins enflamment tous les
autres par l'ardeur de leur dévotion, en
publiant partout les douceurs et les consolations spirituelles qu'ils ont reçues durant
le cours de leur pèlerinage.

Enfin, étant arrivés dans le lieu de leur
domicile, ils doivent aller remercier Dieu,
dans l'église paroissiale, de toutes les grâces
qu'ils ont reçues de sa divine bonté pendant
tout le voyage, renouvelant les bons propos
et les saintes résolutions qu'ils ont faites
dans le pèlerinage, et lui demander la grâce
de les accomplir fidèlement. Ils doivent
pareillement saluer la Sainte-Vierge, la
remerciant de ses bénédictions et de ses
assistances, et rendre quelque particulière
reconnoissance aux bons anges, spécialement à l'ange gardien, pour la protection
singulière dont il les a favorisés durant leur
pèlerinage; imitant le jeune Tobie, qui se
mettoit si fort en peine de rendre quelque
reconnoissance à cet ange inconnu qui
l'avoit conduit heureusement durant son
voyage, et ramené dans la maison de son
père avec beaucoup de bénédiction; et se

retirer ensuite, bénissant le Seigneur, comme faisoit ce saint homme, suivant le commandement que l'ange lui en fit et à son père : Bénissez le Seigneur, leur dit-il, et chantez ses merveilles. Ainsi soit-il.

FIN DU TRAITÉ DES PÈLERINAGES.

Regi sæculorum immortali, invisibili, soli Deo, honor et gloria in sæcula sæculorum.

PERMISSION.

Nous François d'Hersant, prêtre docteur ès droits, chanoine en l'église cathédrale de Rodez, vicaire-général et official de Mgr. l'illustrissime et reverendissime père en Dieu messire Hardouin de Pierrefiche, évêque et seigneur de Rodez, certifions avoir lu attentivement un petit livre intitulé MIRACLES ET MERVEILLES *arrivés dans l'église Notre Dame de Ceignac;* revu, corrigé, augmenté d'un traité des pèlerinages avec la manière de les faire saintement, etc; dans lequel nous n'avons rien trouvé de contraire à la foi orthodoxe et aux bonnes mœurs, ains contraire plusieurs remarques qui exciteront les lecteurs au culte de la Sainte-Vierge, et à une plus grande vénération pour cette illustre et ancienne chapelle où Dieu a versé tant de grâces, et des saintes et dévotes instructions pour les pèlerins à ce qu'ils puissent faire leur pèlerinage avec fruit et bénédictions: c'est pourquoi nous l'avons jugé digne d'être donné au public, et en avons permis l'impression.

Fait à Rodez, ce 10 avril 1660.

D'HERSANT, *vic. gén.*